U0936931

珍藏本·增订本
纪念版

汉译世界学术名著丛书

三醉人经纶问答

〔日〕中江兆民 著

滕颖 译

商务印书馆
SINCE 1897 The Commercial Press

中江兆民
三醉人経綸問答
据日本岩波书店“岩波文库”1984年5月版译出

汉译世界学术名著丛书
（120 年纪念版·珍藏本）
增订本出版说明

2017 年 10 月，为纪念商务印书馆创立 120 周年，本馆推出“汉译世界学术名著丛书”（120 年纪念版·珍藏本），计七百种。近五六年来，仰赖学界同人倾力支持，订正旧译，增补新译，拓展新著，积累日多。为满足读者需要，本馆在七百种的基础上，继续推出“汉译世界学术名著丛书”（120 年纪念版·珍藏本·增订本）三百种。至此，“汉译世界学术名著丛书”累计出版，已达千种。

今后，本馆将继续推进丛书的翻译出版工作，在积累单本名著的基础上陆续分辑刊行，汇印出版。为促进中外文明互鉴、推动我国学术发展，使“汉译世界学术名著丛书”这项对我国学术文化有基本建设意义的重大工程发挥更大作用，诚望海内外学术界、翻译界继续给予支持，帮助我们把这套丛书出得更好。

商务印书馆编辑部

2024 年 2 月

汉译世界学术名著丛书
（120年纪念版·珍藏本）
出 版 说 明

2017年2月11日，商务印书馆迎来120岁的生日。120年前，商务印书馆前贤怀揣文化救国的理想，抱持“昌明教育，开启民智”的使命，立足本土，放眼寰宇，以出版为津梁，沟通中西，为中国、为世界提供最富智慧的思想文化成果。无论世事白云苍狗，潮流左右激荡，甚至战火硝烟弥漫，始终践行学术报国之志，无改初心。

迻译世界各国学术名著，即其一端。早在20世纪初年便出版《原富》《天演论》等影响至今的代表性著作，1950年代后更致力于外国哲学和社会科学经典的译介，及至1980年代，辑为“汉译世界学术名著丛书”，汇涓为流，蔚为大观。丛书自1981年开始出版，历时三十余年，迄今已推出七百种，是我国现代出版史上规模最大、最为重要的学术翻译工程。

丛书所选之书，立场观点不囿于一派，学科领域不限于一门，皆为文明开启以来，各时代、各国家、各民族的思想与文化精粹，代表着人类已经到达过的精神境界。丛书系统译介世界学术经典，引领时代思想，为本土原创学术的发展提供丰富的文化滋养，为推动中国现代学术和现代化进程做出了突出的贡献。

为纪念商务印书馆成立120周年，我们整体推出“汉译世界学术名著丛书”120年纪念版的珍藏本，寄望既利于文化积累，又便于研读查考，同时向长期支持丛书出版的译者、编者和读者致以敬意。

两甲子后的今天，商务印书馆又站在了一个新的历史时间节点上。我们不仅要铭记先辈的身影和足迹，更须让我们的步伐充满新的时代精神。这是商务人代代相传的事业，更是与国家和民族的命运始终紧密相连的事业。我们责无旁贷，必须做好我们这代人的传承与创造，让我们的努力和成果不仅凝聚成民族文化的记忆，还能成为后来人可以接续的事业。唯此，才能不负前贤，无愧来者。

商务印书馆编辑部

2017年10月

中译本序

中江兆民的《三醉人经纶问答》写于1887年，也就是一百年前。今天读来仍很受教益，而且饶有兴味。兆民是明治时代日本引以为豪的有独创性的思想家，又是在人民群众中为传播近代民主主义而奋斗的自由民权运动的理论领导人。他把四十年来的思索与体验，全部投入这部作品之中，可以说，它是代表了近代日本充满理想与苦恼的青春时期的古典作品。

这次，在原书出版一百周年之际，这一名著由于滕颖女士的努力，译为中文在中国出版。这对曾为普及该书做过一些努力的我来说，感到无上的喜悦。当然，这不仅是个人的感情问题，因为我确信，只有建筑在中国和日本相互理解之上的深厚友谊，才是东亚及世界和平的基础。可以期望，读者精读本书，不仅对了解明治时代的日本，而且，对了解近百年来越益复杂、尖锐的世界基本问题，将获得深刻的启发。

中江兆民，原名中江笃介，1847年生于日本土佐（现高知县）。他的家庭世代是土佐藩的下级武士。父亲在江户（现东京）当差，他幼年是由母亲一手抚养大的。据说，他少年时代像女孩子般温顺，喜爱读书。开始在藩办的学校读书，以后作为人才被选送至长崎，学习法语。后来，前往江户继续学法语，曾因放荡不羁，被勒令退学。

明治维新前后，他并没有任何志士般的行动。只是致力于法语学习和佛典研究，并练习江户小曲。维新后，在大久保利通的援助下，到法国留学三年。归国后，创办法兰西学舍，教“法兰西学”。曾任东京外国语学校校长、元老院书记官，不久辞职，退出宦途，仿佛是不堪官僚生活的纷扰。

自由民权运动，虽然是在兆民回国的那一年开始的，但是兆民并没有立即参加，而是试图通过普及和传播卢梭派的民主主义，为自由民权运动提供理论支柱。他翻译了《社会契约论》，又创刊了《东洋自由新闻》。

民权运动，曾一度高涨，使政府极端恐慌。但是，明治十四年（1881 年）政府先行下手，罢免了政府内部的改革派参议大隈重信等人，又对要求天皇发布诏书召开国会的人们，承诺明治二十三年开设国会，从而使形势逆转。自由党在同年组成，但是其内部发生分裂，由于急进派采取直接行动，自由党中央感到恐惧，自行解党，从而使民权运动走向衰退（1884 年）。在如此情势之中，兆民几乎未进行政治活动，仍然专心致力于翻译和著述。《三醉人经纶问答》就是这个时期的著作之一。

然而，兆民不会是满足于在书斋中闭门研讨政治理论的冷静的学究，就在出版《三醉人经纶问答》的同时，他投身政治运动。当时，自由民权派集结了各派力量，以反对井上外相的修改条约案为导火线，掀起了打倒藩阀政府的大规模行动。这时，兆民积极参加了这一行动。又曾起草了弹劾政府的上奏文。惊恐的政府在 1887

年底公布了“保安条例”，于是，他和志同道合的五十七位人士一起被逐出东京。但是，他随即在大阪创刊《东云新闻》，努力传播民权思想。不久，第一届众议员选举时，他从大阪第四区参加竞选并当选。但是，不久他即被推到绝望的境地。因为当时在野党虽然占多数，但由于未能结成统一战线以及土佐派的背叛等原因，从而与政府妥协。兆民痛骂议员们是“无血虫”，对政界绝望，愤而辞去议员职务。从此开始了兆民的实业家时代。

他打算掌握了经济实力以后，再复归政界，因而尝试了各种实业，但均未获成功，依然处于贫困境地。

甲午战争后，兆民对三国干涉表示愤慨，创立了可以说是一人一党的“国民党”，提倡进步的自由主义。1900 年，参加了近卫笃麿的以向中国大陆扩张为目标的“国民同盟会”。另一方面，又鼓励黑岩泪香、内村鉴三等人的“理想团”，要他们“考虑撤销土地所有权和财产世袭权”，出现了前后矛盾的言论与行动。1901 年，他患癌症，被医生宣告死期后，努力写完了《一年有半》和《续一年有半》，同年 12 月 13 日在东京逝世，享年 54 岁。

在《三醉人经纶问答》中，哲学家中江兆民在理论上没有追求超出时间、空间范围的抽象的政治，也没有对眼前政界中出现的种种问题给予解答。他只是试图弄清 1887 年这个时期政治上的基本问题。

当时的日本处于何种情况呢？明治维新（1868 年）的文化革命基本成功了，平定了西乡隆盛的叛乱后，日本逐步走向统一，朝着近代化迈进。但是，在法国侵略越南所表现的弱肉强食的国际形势中，在弱小的国家应如何维护独立这一危机感中，日本人民试图探求国家民族的出路。但是，兆民并没有急于寻求出路，相反，他最懂得在当时日本复杂困难的现实情况下，只靠公式化的一条路径来寻求解决几乎是不可能的。可以推测到，他是企图让日本国民首先认识当时的困难，尔后，共同去探讨日本的出路。

兆民以三个醉人问答的形式来展开这部作品，是因为他热爱的中国文化中，有司马相如、班固等自古以来的文学传统。在其影响下，日本也有了弘法大师的《三教指归》以来的许多先例。不仅如此，兆民选择这个形式，并不像许多先例那样，仅是为了把读者引向一个预定的结论所采取的手段。恰好相反，因为让三个人物登场，便于把问题复杂起来，用婉转的形式向读者提出。虽然在目录上标题为“民主论者、扩张论者访问南海先生”，但是，绅士和豪杰都不是可以用“民主主义”或“扩张主义”这种单一的意识形态所能概括的机器人，他们的发言，有血有肉，非常富有人情味。可能兆民是避免把三个理论直线并列，而是把三根线糅合在一起，让其展示在读者面前。把应该认真讨论的内容，交给三位酒客来议论，这也是作为舞台导演，有意识地给予充裕的时间和有趣的安排。

至此，政治论述进入了文学的领域。照我看来，由此产生了明治时代思想文学的最高杰作。对于用出类拔萃的名文所展现的三个人的思想，要概括叙述，与其说是困难，不如说几乎不可能，而且也没有必要。我殷切希望读者认真地去研读和品味原著。此外，三个人中谁是兆民思想的代表，这虽然是一个有兴趣的问题，但我不想涉及。三个人身上都有兆民的影子，这样考虑可能比较适当。绅士和豪杰有过观点相同的发言，这一点我想提请读者注意。

中国的文学，自古以来与政治联系极为密切，这是它与日本文学的很大不同之处。作为中国文化的强烈爱好者，中江兆民在民权运动衰退的时期，创作了《三醉人经纶问答》一书，这既是借以安慰自己的郁闷心情，同时也就产生了明治时代思想文学的杰作。

桑原武夫[①]

1988年2月于京都

① 桑原武夫（1904—1988），日本福井县敦贺市人。1928年毕业于京都大学文学部法文专业。曾任日本国立东北大学副教授、京都大学人文科学研究所教授、所长、名誉教授等职。

桑原先生自幼受其父——著名的中国历史学家桑原隲藏的影响，对中国文化有很深的造诣。他在法国文学、文化方面也有卓越的成就，在文艺评论、社会评论等方面，在战后日本文化发展中都起到推波助澜的作用。被称为“新京都学派”的泰斗，并获颁日本文化界最高荣誉“文化勋章”（1987）。1988年4月逝世后追授“从三位勋一等瑞宝章”。法国政府曾授予他“国家勋功骑士章”“荣誉勋位勋章”等勋章。他是日本法语法国文学会会长、日本艺术院会员（荣誉称号）。

他在京都大学人文科学研究所任所长期间，建立了“共同研究”制度。这是日本社会科学研究界的创举，从而推动了日本全国的学术研究向深度和广度发展。《中江兆民研究》一书（桑原武夫主编，岩波书店1966年出版）就是“共同研究”的丰硕成果。

桑原武夫的主要著作收入《桑原武夫集》（全十册、岩波书店，1980年出版）。

目　　录

三醉人经纶[①]问答

南海仙渔[②]著

① “经纶”一词出自《中庸》:“唯天下至诚，为能经纶天下之大经……”经理丝缕，理出丝绪叫经，编丝成绳叫纶，统称经纶。引申为筹划治理国家大事。——编者

② “南海仙渔”是中江兆民的笔名。兆民出生于古称的南海道土佐国，即日本现在的四国地区高知县，因而取名“南海仙渔”，兆民还用过“南海渔翁”的笔名。——编者

南海先生本性嗜酒，又好议论政治。每次饮酒只要喝上一两小瓶，便醺然欲醉，神态飘飘然如遨游太虚，心旷神怡，全不知世界上有忧苦之事。

如再喝两三瓶，精神顿时激昂，思绪频涌，身虽居斗室，而眼通观世界，瞬息之间，回顾千年前之往事，瞻望千年后之未来，为世界指出航向，替社会讲授方针，自思："唯我是人生处世之道的指南车。世上政治方面的近视患者，随意操纵罗盘针，引导其船，或触暗礁，或搁浅于沙滩，害己祸人，实在可怜之至。"

然而，先生虽身在这个世界，但他的心常登藐姑射之山[①]，游无何有之乡[②]。因此，他所说的地理和历史，与现实世界的地理和历史，仅只是名称相同，而事实则往往不一致。在先生所说的地理中，有寒冷之邦，有温暖之邦，有强大的国家，有弱小的国家。有文明的习俗，有野蛮的习俗。在社会历史上，有治，有乱，有盛，有衰，与现实世界的地理历史完全相符者偶亦有之。

如再喝两三瓶，就会耳热目眩，手舞足蹈，兴奋达到顶点，直至最后晕倒，不省人事。既而熟睡两三小时，酒醒梦退，凡醉时所言所行，一扫而光，荡然无存，宛如俗话所说从狐仙附体中解脱出来一样。

先生的朋友，或素闻先生为人的人士中，往往有人为聆听先生醉中的奇论，携酒一樽，酒肴一笼，去先生茅庐拜访。在举杯共饮

① "藐姑射之山"，山名，《庄子·逍遥游》："藐姑射之山，有神人居焉。"——编者

② "无何有之乡"，出自《庄子·逍遥游》："今子有大树，患其无用，何不树之于无何有之乡。"同书《应帝王》篇："以出六极之外，而游无何有之乡。"——编者

中，见先生有七八分醉意，便故意转到国家政治上，以引诱先生高谈阔论，而作一时之乐。对此先生也有所察觉，因而想道："我最近再谈论国家大事，在大醉之前就预先把其中要点逐条记下来，他日取出加以发挥，编辑成册，届时，或许自以为乐，且能娱悦他人吧。是啊！是啊！"

近来，淫雨连绵，连日不开，心情郁闷，颇感不快。恰好有一天，先生买酒独饮，正当醺然步入太虚仙境之际，有俩客人携"金斧"牌洋酒来访。先生与他们并无一面之识，也不知其姓名，但一见其洋酒，心里早已增加了两三分醉意。

其中一人，鞋帽服饰全部西装打扮，鼻目俊秀，身材颀长，举止大方，言辞明辨。他一定是位哲学家，生活在思想的楼阁中，呼吸着道义的空气，按照逻辑的直线前进，不愿意按现实走曲折的道路。另一位身高臂粗，脸黑目陷，上穿蓝底白点的和服外套，下穿短后之袴[①]，一看便知：此人好大喜功，喜欢冒险，不惜以贵重的生命为诱饵，是以钓取功名为乐事的英雄豪杰之辈。

两人坐定，礼毕，徐徐把洋酒斟满，宾主频频举杯敬酒，待到渐入佳境，先生即称一客人为绅士君，称另一客人为豪杰君，并不问其姓名。客人也笑而默认之。稍停，洋学绅士忽然开口说：

"久闻先生大名，先生的学问贯通东西，先生的见识，博古通今。对于世界的形势，我也有自己的看法，愿得到先生的指教。

"啊！民主制啊！民主制！君主专制，愚昧而自身尚不知其过；

① "短后之袴"，剑客穿的裤子。《庄子·说剑》篇："皆蓬头，突鬓，垂冠，曼胡之缨，短后之袴。"这里指日本男性穿的和服裤裙。——编者

立宪制虽知其过，但也仅改了一半；民主制光明磊落，胸中没有半点尘污。

“欧洲各国，既然了解自由、平等、博爱三大原理，为什么不采用民主制的国家，至今还如此之多呢？为什么严重违反道德原则，严重背离经济规律，储备数十百万蠹蚀国家财政的常备军，为争虚浮之功名而使无辜的人民相互屠杀呢?!

“在文明浪潮中居于后进的一个小国，从亚洲的边陲昂首崛起，一跃而进入自由友爱的境地，夷平堡垒，销毁大炮，改军舰为民船，裁兵为民，专门研究道德伦理之学，讲求工业技术，成为纯粹的哲学之子。这样，那些以文明自夸的欧洲各国人士，能无愧于心吗?!他们如果顽固逞凶，不仅不觉心愧，反而乘我裁军之际，悍然来犯，这时，我们寸铁不带，一弹不上，以礼相迎，他们将如何对待我们呢？挥剑斩风[①]，剑无论如何锋利，但对飘忽渺茫之风，岂能奈何？难道我们不能化为风吗?!

仅靠国防，愚腐之极

“以弱小之国对强国作战，全力以赴，其实力也不足强国的万分之一，通常无异于以卵投石。既然对方素以文明自夸，那么，文明的本质是道义之心，他们不会没有道义之心吧！我们弱国的人民，何不用他们心里羡慕而未能实际履行的无形的道义作为军备呢？以自由作军队、作舰队；以平等作堡垒要塞；以友爱作剑炮，那时，我们将无敌于天下。

“如若不然，我们专门依仗堡垒，依仗剑炮，依仗军队，那时，

① “挥剑斩风”，出自无学祖元禅师（1225—1286）的偈语：“珍重大元三尺剑，电光影里斩春风。”——编者

他们也依仗其堡垒，依仗其剑炮，依仗其军队。因此，堡垒最坚固的、剑炮最厉害的、军队最多的一方，必然取胜。这是简单的算术，极其明显的道理。何苦非要试图与这明显的道理相对抗呢？他们果真敢于带兵来侵犯我国吗？土地是公共所有物，他在我在，他留我留，有何纠葛？他果真要夺我田而耕，夺我室而入，或课重税使我受苦吗？富有忍耐力的人，只有忍耐。没有忍耐力的人，只有各自另谋生计。我今天住在甲国，所以是甲国人，如果明天住在乙国，则成了乙国人。浩劫之期未到，地球作为我们人类的故乡供人们生活的时候，世界各国岂不皆是我的宅地吗？

"啊！他无礼，我行礼；他不讲道理，我讲道理；他所谓的文明，实际是野蛮，他说我野蛮，那才是真正的文明！他大怒而肆行暴虐，我笑而坚守仁义，他对我岂可奈何？柏拉图、孟子、斯宾塞、马勒伯朗士、亚里士多德、维克多·雨果等人，对我又如何评论呢？世界各国的人都在旁观，对此又如何评论呢？诺亚大洪水之前的情况如何？我不知道。大洪水之后，还没有过这样的先例，真正是难以理解啊！为什么我们不能开创先例呢？"

豪杰君听了这一番话，便对洋学绅士说："你莫不是发狂了吧？发狂了！发狂了！千百万六尺男子汉聚集而成为一个国家，一刀不挥，一弹不发，坐待敌寇掠夺，毫不抵抗，这岂不是狂人的所为吗？我幸而尚未发狂，先生也未发狂，其他同胞也未发狂，怎么能像绅士君这样说呢？……"

南海先生笑着说："豪杰君，姑请稍等！让绅士君把他的高论说完！"

豪杰君亦笑着说："是。"

洋学绅士于是接着说："凡是以政治家自任的人，皆可说是崇奉政治上进化之神的僧侣吧！果真如此，不能只注意眼前，还必须留心于未来。为什么呢？所谓进化之神只喜欢前进，不喜欢后退。它前进时，如果幸而遇到坦直整洁的大道，那很好。即便是岩石峭立阻挡车轮，荆棘丛生深没马蹄，进化之神也毫不沮丧，反而更加奋发，抬腿一跃，毫不犹豫地跨越而过。愚顽的人民互相残杀，肝脑涂地，血流街头，演出了所谓革命的活报剧，进化之神把它看作是当然的结果，毫不胆怯。因此，作为信奉进化之神的政治家——僧侣，当务之急是预先除去岩石，排除荆棘，不要使进化之神生气发威。这是进化派僧侣的本职工作。所谓岩石是什么呢？就是违反平等原理的制度。所谓荆棘又是什么呢？就是违背自由原则的法律。

"在英王查理一世、法王路易十六的时期，宰相大臣等掌权人，如果能够眼光远大，胸有韬略，及早认清形势，预料社会潮流，知道为进化之神扫清道路的话，何至于酿出祸乱呢？回顾英国事件，因为在其之前无所鉴戒，毕竟是属于首次发生，所以执掌政纲的人不知预作防备，终于遭到失败，这尚有可恕之处。至于法国，一个世纪以前就看到了一水之隔的英国当时发生了悲惨的祸事，却恬然毫不省悟，依仗区区姑息苟安的对策，得过且过，空渡岁月。到了出现祸乱征兆之时，仍然讳疾忌医，或犹豫不决而使人民发生猜疑，或因抵制触犯激起民愤，其结果，酿成了空前的大祸，以致血洗城邑，全国变成了屠场。这是进化之神的罪过呢？还是进化派僧侣的罪过呢？

"这以前，法王路易十五时，或路易十六在位初年，任宰相大臣者如能高瞻远瞩同心协力，一一剪除陈规陋习，代之以美好新图的话，到了国王路易十六的晚年，只要前进一步，便足以迈入民主平等的制度。那时，路易王则可悠悠然亲临议院，脱掉其王冠，解去其佩剑，对罗伯斯庇尔为首的人士拱手作揖，和言悦色微笑着说：‘诸位努力吧，我也愿退位为民，为国家效力’。于是携妻带子，选择州中山清水秀而又土地肥沃的地方，购置良田美宅，优闲地度过晚年。激流勇退的美名，也可流芳后世。

法王路易十六得到幸福

“还要再说一句，如果法国前无英国的鉴戒，其宰相大臣也不足以深咎，那么，我的议论不是迂腐不切实际，就是太苛刻了。正因为有明显的鉴戒，但仍不以此为鉴戒，这就是前车倾覆，后车照旧前进。这可说是当时法国宰相大臣故意把大祸遗诸后人，也可说宰相大臣是阻碍进化之神的恶魔，也可说他们是陷害法王路易的罪人！”

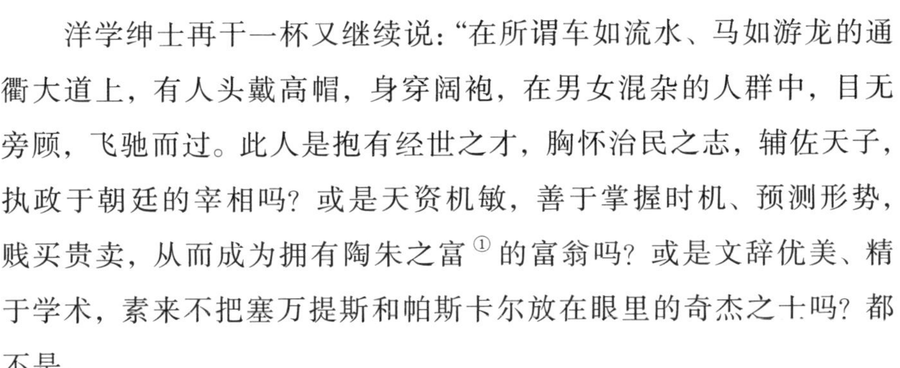

洋学绅士再干一杯又继续说：“在所谓车如流水、马如游龙的通衢大道上，有人头戴高帽，身穿阔袍，在男女混杂的人群中，目无旁顾，飞驰而过。此人是抱有经世之才，胸怀治民之志，辅佐天子，执政于朝廷的宰相吗？或是天资机敏，善于掌握时机、预测形势，贱买贵卖，从而成为拥有陶朱之富[①]的富翁吗？或是文辞优美、精于学术，素来不把塞万提斯和帕斯卡尔放在眼里的奇杰之士吗？都不是。

“此人是一种号称贵族的特殊物品：其祖先某甲，曾因夺旗斩将有功授以爵位，赐与领地，华胄锦衣，相延至今。既无才识，也

① “陶朱之富”，陶，地名，朱即朱公，是范蠡的化名。范蠡辅佐越王勾践雪会稽之耻后，易姓为朱，到陶经商成为大富翁。——编者

无学术，只不过是其祖先的朽骨，时时从墓中放光，受其庇荫，无所事事地坐享其祖先的厚禄，饮美酒食嫩肉，无忧无虑地度日。啊！一个国家中如有数十数百个这样的物品，纵然建立了立宪制，千百万生灵也得到了自由权利，但平等的大义既有欠缺，其自由权利则形同虚设。为什么呢？我们人民从早到晚辛苦操劳，劳动所获要缴纳几成作为租税，这虽是不得已的，可是我们不仅要养活委托其办理行政事务的官吏，而且还不得不养活那些无所事事的物品，结果并没有取得真正的自由。

"王公贵族，脑髓的分量果真比我们的多而重吗？胃液的分泌，血球的发育，果真比我们丰富吗？如果请加尔[①]医生检查一下王公贵族的脑髓，果真和我们有区别吗？若有所区别，其区别究竟对他们有利呢？还是对我们有利呢？我听说人类是大脑非常发达，兽类是小脑非常发达。果真如此……他们出生后难道是穿锦着绣而来，不像我们赤身露体的吗？其死后果真骨肉不腐烂吗？不还原到土地里去吗？……如果数百万国民中有三个贵族，此时有九十九万九千九百九十七人不免要因这三人使自己的尊严受到几分损失。这是简单的算术，极其明显的道理……我们人民和贵族全是由若干元素组成的同样的肉体。同样肉体相遇时，我这肉体低头拱手，他那肉体昂然直立，略点头示意而已。对话时，我这肉体恭敬地称他那肉体为'Sir'（是先生、阁下的意思），或恭敬地称他为'Monseigneur'（也是阁下的意思）。他那肉体把我这肉体称作什么呢？……这不是

① 弗朗兹·约瑟夫·加尔（Franz Joseph Gall，1758—1828），奥地利的医生，解剖学家，颅相学者。——译者

甚为无理吗？这不是可耻至极吗?!

“不知是上古的时候呢，还是近古的时候呢？几千年前呢，还是几百年前呢？也不知何年、何月、何日呢？当时有贤者、仁者。他们有才、有智、有勇、有能，因而这些人成为公、侯、伯、子、男。这些人既然是贤者、仁者，他们有才、有智、有勇、有能，因此，其子、其孙、其曾孙、其玄孙、其耳孙以及其十世孙、百世孙，都是贤者、仁者，他们有才、有智、有勇、有能，胜过普通人。……今后的子孙也一定胜过普通人。这是遗传的道理，不是杜撰的推测。因此，他们又都是公、侯、伯、子、男，居于普通人之上，今后的子孙也当然应该居于普通人之上。这是符合遗传原理的制度，不是不正当的措置。关于达尔文、海克尔[①]的生物世代遗传的学说，你还没听说过吗……？可笑之极！

“我们千百万人，不是公，不是侯，不是伯，不是子，不是男。你还不知道其中的原故吧?! 我们千百万人的远祖，一定全是不贤、不仁、无能的人，因此，都不是公、侯、伯、子、男。所以，我们千百万人也全不是公、侯、伯、子、男。这是遗传的原理。我们千百万人不论如何想当公、侯、伯、子、男，但对遗传的原理是无可奈何的……可笑之极！

“然而，凡是事物的道理全都存在正规之理和例外之理。因此，父亲或祖父，或曾祖父，或十世祖，或百世祖，或千万世祖，因为不贤、不仁、无能，而不能成为贵族，但是，其子或其孙，其曾孙，

① 恩斯特·海克尔（Ernst Haeckel，1834—1919），德国医生、生物学家、哲学家。支持达尔文的进化论。——译者

其十世、百世、千万世孙，往往有时出现贤者、仁者或能人，因而常常也有成为新贵族的。这就是所谓的例外之理。这是今天学术尚未弄清的地方。在解剖学、生理学、动物学、化学等研究日益深入发展的时候，对此例外之理，他日一定可以弄清楚吧！因此，你如果一定想要提倡平等的大义，那么首先去研究事物的道理吧……真是可笑之极！

“胳膊上刺着红鲤，背上雕有青龙，赤膊盘腿而坐，脸上得意洋洋，这是破屋里的光棍，是粗野的、破屋里的光棍。他虽然已经有了‘老八’或‘老熊’的名字还不满足。若有人称他‘红鲤老八’‘青龙老熊’时，其喜悦的心情，则可想而知。公、侯的爵位不就是无形的文身吗?！……我明白了。那是有形的文身，因此是粗野的，又住在破屋里。这是无形的文身，因此是文明的，又住在深宅大院里。然而，既有名字，又添以爵位时，就有些像‘红鲤老八’‘青龙老熊’那样……若是说，他对国家有功，那么他身居其职，为国立功，岂不是理所当然的吗? 不是一生享受俸禄吗? 若是说，他有特大的功劳，那么又为什么不赏给他更多的钱物，而要加害上天赐给的体肤，施以如今已不流行的文身呢? ”

南海先生又喝了一两杯酒，并且说：“绅士君的议论，似乎颇为奇特，无奈零零碎碎前后不连贯。”

洋学绅士说：“先生学识高深，才思敏捷，对我这语无伦次的言谈，如有可取之处，请采纳，不妥之处请指教。如按一般逻辑的法则阐述，则不得不从陈腐的套语说起，唯恐玷污先生的耳朵。”

南海先生说：“不，不，请按一般逻辑的法则顺序论述吧。因为我想他日把它编写成一本小册子。”

于是，洋学绅士说："方今观察欧洲各国的形势，以英、法、德、俄四国最强。文艺优美，学术精湛，农、工、商业昌盛，物资丰富。在陆地屯有精兵几千万，在海上列有战舰数千艘；龙蟠之形，虎跃之势，自古以来还没有像今天这样隆盛。其所以能造成如此强盛势力，能酿成如此殷实财富，原因固然很多，但主要的还是由于自由的原理，实际上为此大厦奠定了基础。

"例如，英国的富强，虽然沿袭了古先哲王的遗业，但其突飞猛进充分显示威力，还是在查理一世的时候，由于自由的波澜汹涌澎湃地冲溃了旧弊的堤防，从而出现了著名的大宪章，取得了巨大的效果。

"又如法国，法王路易十四时，早已军威远扬，文艺辉煌，其一代声誉遐迩闻名。然而那不过是专制社会这一桎梏中生长的菌花而已。真正奠定强大势力的，不能不说是1789年轰轰烈烈的大革命赐给的。

"再如德国，虽然在18世纪时，普鲁士王弗里德里希二世英勇善战，扬威四邻，渐趋强盛。但是，法国革命的精神尚未传入以前，国家四分五裂，恰如束绳散落的柴薪一样。等到拿破仑一世担任共和国统帅，革命的旌旗飘扬，远征到维也纳、柏林时，日耳曼民众才开始呼吸到自由的空气，咽下了博爱的养料。此后，形势为之一变，风俗为之全改，从而达到今日的隆盛。

"至于俄国，版图之大，兵马之多，一直居世界之冠。不过在文物制度方面远较上述三国逊色。这不能不说是专制压迫的遗祸。

"人世各项事业，宛如酒浆，自由好比酵母。葡萄酒、啤酒，其原料不论如何好，如没有酵母，原料全都沉淀于槽底，想酿制酒浆

汉学先生请加以点拨

也办不到。专制国家的事物都是没有酵母的酒，全都是槽底的沉淀物。试看一下专制国家的文艺，有时仿佛有可观之物，但是仔细观察，千年后还是一样，上万个都是一种，没有什么变化！呈现在作者面前的现象，全不过是槽底的沉淀物而已。作者又以他沉淀了的精神加以摹写。没有变化，岂不是很自然的吗？

“也许有人说：一个国家的富强，是因为财力的雄厚。财力的雄厚，是由于学术的发达。为什么呢？把物理学、化学、动植物学、数学的成果，应用于工业的实际中，既省时间，又省体力。其所得的产品既多又精，大大胜过手工操作。这是国家致富的原因。国家富了，于是蓄精兵、置军舰，伺机出征，扩大领土，掠夺亚洲、非洲的土地，向彼移民并开设市场，贱买当地土产，贵卖本国的货物，攫取暴利。工业日益发达，销路日益宽广，海陆军备也随之日益强大，这是自然的趋势，并非自由制度的原故。

“啊！这是只知其一而不知其二。凡是人世事业都是互有联系的。而且是互为因果。但是，仔细观察时，其中必存在有真正的原因。国家富强之本，在于学术的精湛。学术的精湛，又源于国家的富强。不言而喻，二者是互为因果的。但是，开始能取得学术的精湛，毕竟是因为人的智力开化的结果。然而，一旦智力开化时，不仅是人们在学术上打开了眼界，而且在制度上也开阔了视野，这是必然的道理。因此，自古以来，无论任何国家，学术进步的时代必定是政治议论活跃的时期。因为学术、政治议论是从知识的根干上长出来的枝叶花果。

“知识一旦充分发挥作用，政治议论一旦活跃起来，争取自由的主旨，立刻成为各项事业的大目标。因为作为学者、艺术家以及农、工、商等从事各项事业的人，都希望不受束缚，充分发挥自己的思想，实现自己的意志，这个想法日夜在脑海里回荡，再不能去掉。这时，领导人若能看清形势，洞察下情，摆脱贪权恋势的野心，站在民间进步人士的前头，除掉旧弊的障碍，让自由的空气得以流通。这时，社会的各个机构都运转起来，废料残渣自然地得到排泄，新鲜养料自然地加以吸收。学者专心使其理论日益精辟；艺术家专心使其构思日益灵巧；农工商各业的人都以发展各自的本业而自勉。上下共沾其利益，从而能够形成所谓的富强之势，这又是自然的趋势。因此我说：有些人的议论是只知其一而不知其二。

“而且，世界大势的发展有进无退，这是事物的自然规律。这个规律，古希腊时的学者们早已有所发现。例如：赫拉克利特想徒步涉急流，先投一足入水，便遽然叹息说：‘现在我踏进的水，已经远远流去。’正是有感于这规律而发出的。但是，当时还不具备考察验证的方法，学术也还很幼稚，因此，他的言辞终不免有浮夸之处。

“此后，18 世纪时法国人狄德罗、孔多塞等人在人类社会中发现这个进步的规律经常在不间断地起作用。到了法国人拉马克出世，研究动植物学，开始提出如下学说：各种动植物都随着时代而逐渐变化，不是永远停留在一定的种属之中的。此后，德国人歌德、法国人若弗鲁瓦[①]等人进一步把拉马克的学说推向纵深发展，直到英国人达尔文凭借其渊博卓越的学识，加上考察验证的方法极其精密，找到了生物世代相传演化至今的规律，特别是发现了我们人类

① 若弗鲁瓦·圣提雷尔（Geoffroy Saint-Hilaire，1772—1844），法国生物学家。——译者

祖先的起源，从而揭露了这一秘密。当初，拉马克以及这一学派的学者们曾有所察觉的进化规律，至此，真相才大白于天下。于是，世界一切事物——日月星辰、河海山岳、动植昆虫、社会人事、制度文艺等等，都受这一规律的支配，循着规律前进，永不停止。这是不容置疑的。下面再进一步加以阐述。

“所谓进化，就是从不完全的形态趋向完全的形态；从不纯粹的状态转到纯粹的状态。从广义上说，开始丑的东西，最终成为美；以前不好的东西，到后来成为良好东西，就是这个意思。动物之类在最初本是若干元素互相混合，成为一个粘滑的凝结物，没有消化机能和呼吸机能等结构，只能蠕动伸缩，由全身的表面摄取食物，从其背面排泄渣滓，以此维持生命。通过外界诸元素的刺激力及其自身细胞组织的发育力，互相接触交接，或生肺，或生胃，以至更大的进化，则从脑髓脊髓的作用到神经纤维的敏捷，无不具备。这是动物进化规律的表现。人类社会也是如此。最初在山野穴居，捡食，掬饮，男女相交，但无夫妇之名分；后来渐渐架木垒石，兴建房屋，或狩猎，或耕耘，男耕女织，以至生子育孙，这就是人类社会进化规律的表现。

“就政治上来说，起初强者凌弱，智者欺愚，威胁欺压者成为主人，畏惧屈服者成为奴隶。甲倒下去，乙起来。纷纷扰扰杂乱无章。这是无制度的社会。后来，人人都厌恶争斗，向往和平宁静生活，此时，有德才兼备之士出现，收揽人心，立而为君。或是强悍而诡计多端的人，笼络群众，自行为君，然后发号施令，力图暂时安定社会秩序。这就是所谓的君主制制度。也是政治进化规律的第一步。

“在这种制度下，有一种无形的东西，把君与臣、官与民这两部分捆绑胶着在一起，使之不能离开。这不同于以前的专用有形的暴力，暂时地确定主人和奴隶的关系。到了这个阶段不能不说是前进了一步。所谓无形的东西是什么呢？这就是君臣之义。这个意义并非全是人臆造出来的，而是几分慈爱之心和几分感恩之心相结合的产物。这就是君对下施以慈爱之心，民对上报以感恩之心。因此，在上者慈爱之心和居下者感恩之心其分量越多，君臣之义则越重，上下的关系则越紧密。在中国，夏、商、周以及汉、唐等朝代，各朝代初年的治理，正是如此。

“但是，在此制度下，有一不可克服的病根。那是什么呢？就是民众对君主所表示的感恩心，毕竟只是君主对下所施的慈爱心的反映而已。君主的慈爱心的分量减少一分时，民众的感恩心的分量也随之减少一分。其速度之快，正如山谷中的回声一样。然而，君主的慈爱心的多寡，本属于一个君主的资质问题，所以如果不幸，为君者资质愚劣，不论群臣如何加以启沃[1]辅佐，毫无效果，君臣之义即告断绝，乱亡之祸，随将发生。夏、商、周三代以及汉唐末年，正是如此。

“而且，即使赖上天的恩宠，君主世代都有至善至美的天资，对下施慈爱之心也日益增多，作为它的反映，民众对上感恩之心也世代日益增多，或许能千年万年保持太平盛世。但是，仍然可以看出还存在更为可怕的巨大病根。它是什么呢？

① 启沃，竭诚忠告。旧指以治国的道理开导帝王。《书经》：“启乃心，沃朕心”。——编者

“为民者，靠劳作以维持生计，只要将其所获的几分缴纳官府，即卸去了肩上对国家的义务，不再关心国家。学者只考虑文辞的华丽，艺术家只考虑技艺的精湛，农工商只考虑其如何赢利，其他则概不关心。于是，其脑髓的作用渐渐萎缩，五尺之躯，岂不只是酒囊饭袋而已。这就是说像学者的文辞、艺术家的技艺、农工商的营业，终将成为前述的槽底的沉淀物，没有生气，没有变化，举国上下也只不过是蠢然蠕动的一个凝滑的肉块而已。

“而且，我们的祖先相率自动地服从于君主的治理，把一切事务委托于君主，服从其指挥。这只不过是他自己无能，不能独立自谋生计，因而姑且放弃了自己所有的权利，以图苟安一时，期待他日后代子孙才智增长，将来由他们恢复自主的权利。当时君民之间并无如此明确的契约，但究其原因，一定有不得不如此的道理。然而，因袭已久，君主把持从我们祖先那里暂时接受的权力，不肯归还我们，他以为‘这权力本来就属我所有’。因此我说：君主专制的制度，是愚昧而不觉悟自己的粗暴无礼。

“试翻开世界各国的历史，看一看各国从建国之初到千百年来的政治发展情况。除了非洲的野蛮民族以外，其他无不是按进化规律从杂乱无秩序的社会迈入进化的第一阶段。亚洲各国的人民，自从进入这一阶段以来，就停滞不前了。至于欧洲各国，快的从 17 世纪开始，慢的则从 18 世纪开始，就迈出了第一阶段，进入了第二阶段。这就是东方和西方的文明阶段不同的缘故所致。

“啊！进化的规律啊！进化的规律啊！不停地前进，就是你的本质！你在前面驱赶你的儿子走出了杂乱无秩序的旷野，进入了专制狭隘的峡谷，使之略事休息，待其体力强壮进而又驱之登上立宪这一宽广的山冈，日益打开眼界，心胸开阔，更转眸仰望，看到绿树参天，云烟横陈，飞禽和鸣于其间。这就是无比的美景，即民主制度的峰峦。这个峰峦的胜况，下面再详述吧。

“啊！进化的规律啊！进化的规律啊！希腊、罗马兴盛时代，自由制度好像很完备了，但是因为有奴隶制的污点，你还不肯大放光芒。到了近世，最早虔诚地崇拜你的实际上是英国。你偏爱盎格鲁－撒克逊民族，光临大不列颠之后，这个国家的人士竞相追求理想，鼓起勇气，高举自由的旗帜，大声疾呼，奋勇前进。英王查理一世一旦血染刑场，那灿烂宪章的伟大文字，便在世界大放光彩。

“啊！进化的规律啊！进化的规律啊！你从来是温和的，绝非杀人成性。但是，当人情激愤的时候，你也无可奈何！当人的感情守旧惧新，顽固地阻塞道路时，你也不得不踢开它而走过去。我当然不会责备你。

“所谓进化规律的第二阶段是什么呢？这就是君主立宪制度。”

洋学绅士又举杯一饮而尽，对南海先生说：“这些陈腐的论调，先生听了恐怕要作呕吧！”

南海先生说：“不，在欧洲各国听来也许是陈腐的论调，然而在亚洲各国，还颇有新鲜气味。请勿倦怠，继续讲完吧！”

于是，洋学绅士接着说：“立宪制也与那君主专制的制度相同，其君主或称帝，或称王，代代世袭，俨然位于万民之上。还有所谓的绅士贵族，或称公，或称侯，或称伯、称子、称男，也代代世袭。他们围绕拥戴君主，这与专制国家无异。但在立宪制国家，所设五等爵位，往往不过是表现其个人及其家族的荣耀，按其爵位授予的权益，只不过是列为上院议员一事而已。其拥有的大片领地和巨额财产，是他们自己经营所得。因此，与一般的农工商人自己积累的巨额财产并无两样，并非像专制国家中的贵族那样坐享民脂民膏，以肥其家业。这也是立宪国家远胜于专制国家的理由。

“而且，摆脱专制制度，进入立宪制度以后，人民各自才开始得到独立的人格。这指的是什么呢？那就是参政权、财产私有权、自由选择职业和工作的权利，信仰自由的权利，其他叫作言论权、出版权、结社权，凡此种种权利，都是作为人必须具备的。具备此种权利之后，才被认为具有人的价值。假如这里有一人有头无手，或有手无足，此时，难免被称为肢体不全的人。如无上述各种权利时，也仅是精神不健全的人。因此，在立宪制度下，为民者可以投票选举有声望者为议员，委托以立法大权。这就是所谓的议院。因此，议院是集中全国民意的地方，总理、大臣只不过是隶属于议院，分管各种事务而已。所以，立法权即议院是受人民委托为其办事的主人，行政权即总理、大臣是受上述委托而处理事务的公务员而已。为民者既有选举议员并监督政务的权利，不用说，还具有其他天赋的各种权利。

“根据以上论述来考虑，政治的进化规律的第一阶段，就是君主专制的政治。第二阶段，就是立宪的政治。两者相距岂不是很远吗？在君主专制的国家里，可称为人的只有王公贵族，余者百万生灵，均为精神不健全的饭囊酒袋而已！我们人民辛勤劳动，积累财富，假如官家财库不足，或突然急需费用时，便随意下令征收租税，其用途是否对我们有利，从未将之公布于众。这无异于直接掠夺我们的财产，又有什么私有权呢？我们人民想选一称心职业，但因繁杂苛刻的规章制度，总不能如愿以偿。这与直接束缚我们的身体并无不同。又有什么营业之权呢？有关宗教的规定，束缚着我们的心灵和头脑；关于言论的规定封住了我们的唇舌；想出版吗？我的手腕被捆住了；想结社吗？我的感情意志被抑制了。这犹如路旁偶然长出的小草，刚刚发芽扎根，即遭践踏或被拔掉，中途枯折。这又有什么自由可言啊！

“而且，在这种国家里，官宦之途受人敬重，民间生活遭人鄙视。且不说入仕为官，就是在社会上从事某种职业的人，如想扩大规模、大加发展时，也不得不借助官家的庇护。经营农、工、商以及其他各行各业的人，凡拥有广袤的田地、宏大的店铺、宽阔的厂房和众多佣工的人，不问可知：他一定或公开或背地受到官家的某些私恩，沾了官家的光。

啊！诚堪羡慕，亦复可怜！

“以清高的文艺家自命的人，以高超的工匠自居的人，仿佛与权势社会毫无关系，但仔细观察时，实际不然。他们或自身早已入仕为官，或暗通门卫，阿谀谄媚，若非摇尾乞怜，其文章壮美也无人赏识，其韵律铿锵也无人共鸣，其技术高超也无人承认。啊！官家犹如心脏，毛发牙齿之类虽然结实，但是，如得不到血液的滋养，必将立即枯萎。

“文艺家、技术人员尚且如此，至于各种官吏又会如何呢？古人说：‘受官于朝廷，拜恩于私门，暗夜乞怜，白昼则傲视他人’。不正是这类人状况的写照吗?！自尊、自重之心，人皆有之，不肯屈居于他人之下，这不是大丈夫的情操吗？现在观察一下那些官吏的状况吧！他们果真有自尊的气概吗？有自重的意向吗？有大丈夫的情操吗？如果有自尊的气概，有自重的意向，有大丈夫的情操，这时，就一天也不能担任官职。早晨，侃侃陈词以抗议，晚间，便会收到罢黜令。不领俸禄，一家数口将无活路。与其自家冻饿而死，还不如宁可低头不语，与妻子团聚，吃新鲜食物，穿轻暖衣服，这岂不是显而易见的逻辑法则吗？侃侃直言，过去流行，而今日已不时兴，为什么还要模仿这样的人物呢?!你以前在某衙门任某职，以后在某厅任某官，你不是在宦海里游泳了很久吗？为什么还愚昧顽固，仍不脱孩子气以至如此之甚呢?!

“然而，大凡在专制制度下生活的人，常会看到一件足以使人失笑的事情。虽然足以使人失笑，但这确是事实。而且从心理学的角度来看，又是非常合乎道理的，是不得不如此的。要问那是什么呢？就是有些人对上善于献媚，会奉承，耍小聪明，轻浮圆滑，卑躬屈膝不以为耻。而接待与自己地位相等、还不相识的人，或遇到比自己地位低的人，其傲慢态度又达到何种程度呢？昂首挺立，侧面斜视，别人说十句，他徐徐答应一声；别人大笑，自己仅仅微笑，全无磊落的风度。他本来就是骄矜而沾沾自喜的人，虽然打算装出一派庄重威严的样子，但是，这和上述的卑躬屈膝的神态之不同，岂非判若两人吗?!

“不，其实不然，想说的就说，想做的就做，随心所欲，心情舒畅，这是男子汉大丈夫的本性。然而，那种人最初压抑感情，竭力克制自己，不敢轻易发作。久而久之，不想就媚态横生，达到花言巧语脱口而出的地步。但是，人的本性终究是不可磨灭的，因此，如果遇到发泄而无不良后果时，反而采取了骄傲的态度，用以补偿自己平日的卑屈。这也是人之常情吧！怪不得西方人士说：自由国度的人是文雅而和蔼的，专制国家的人是骄横跋扈的。这确非欺人之谈。

“由此看来，自由制度不仅有利于衣食和经营等民生方面，而且使人的内心也高尚起来，这是不容置疑的。啊！自由啊！放弃了你，我将与谁同归?! ①

“不过，进一步考察政治的进化规律时，也可以看出，只有自由一义，还不能充分说明制度之尽善尽美，必须进而获得平等的大义，才能算获得巨大成功。这是因为，人人全都具有各种权利，而在其权利的分量上，又无彼此多寡之分。否则，权利的分量多者，自由的量也多；权利的分量少者，自由的分量必然也少。这是不可避免的趋势。所以既平等又自由，这是制度的最高法则。因而在立宪国家里，由于设有君主和五等爵位，所以在一国的民众当中有一种更尊贵的东西，大大有别于其他东西，这就是在平等的大义上终究不免有所欠缺。人们已知必须遵循自由的旨意，制定宪法，颁布法律，拥护民权使之不受侵犯。就自由之义来说，可以说是得到了。然而从国民当中，选择若干人，给予所谓爵位称号这种无形的文身，置于其他物体之上，虽有损于平等之义，又不能改变。政治的进化规律，焉能在此阶段永远停滞不前呢？因此，我说：立宪制度是自知其过，而仅改其半也。

“17世纪，英国先于其他国家建立了自由制度，大大地提高了国家的声誉。但是，其民族性格沉毅、忠厚，不喜欢一下子尽将旧习惯抛弃而进入新途，依然保留了王制，以至今日。仔细观察英国政治，虽然名义上立有君主，但实则与民主国家无大差异，除了君

① 这里引用范仲淹《岳阳楼记》末尾的一句。“噫！微斯人，吾谁与归！”——编者

主掌有两三种特权外，与其他民主国家的大总统的差别，也仅是世袭一事而已。根据以上情况，西方的学者议论政治时，往往把英国的政治制度，列于民主制度中，与美国、法国、瑞士等各国不加区别，也就是这个缘故。

“虽然如此，所谓名乃实之宾，有实有名固然很好，如果有名无实，为事理所难容。况且，皇家俨然凌驾于万民之上，代代世袭，又设五等爵位，也世代相承，因此，平等之大义尚不完全。英国进步人士和追求理想的人，往往更进一步在要求自由之义以外，进而还要求平等之义，热望采用民主制度的人数颇多，这没有什么奇怪的。人类与其他动物相比，遵循进化的规律最快，而学者、思想家比其他人遵循进化规律则更快。而且，民主制度正是政治进化规律的第三阶段。

“立宪制度，要说完备也完备，但是仍然隐隐约约地有一些令人头痛的感觉。我不知道这是为什么。虽然我不知道其中的原因，可是头痛病是现实存在的。这就像一个人在烈日炎风下，身着轻薄麻布衣裳，头戴笨重铁帽一样。民主制呀！民主制呀！你头上只有青天，脚下只有大地，心胸开阔，意气奋发。要说时间的话，那无始无终，不知前后有多少亿年的永劫就是你；要说空间的话，那无内无外，不知左右有多少亿万里的太空就是你。

“具有精神和身体的都是人，怎样区别谁是欧洲人，谁是亚洲人呢？何况还要区别英、法、德、俄呢？更何况要区别印度、中国呢？然而，现在所说的英国、俄国、德国，那是国王所有地的名称。人民自己当家做主没有其他主人时，国名只不过是地球某部分的名称而已。所以，我说某国人，意思就是指住在地球某部分的人。我与他人没有区域的界限，不会发生敌对的意识。然而，国里有一个主人，国名就是其主人的家族号，所以，我说某国人，意思是指某国王的臣民。我与他人有了区域界限，于是敌对的意识产生了。把地球各部分割裂开，使其居民之心互相隔阂，这是王制的遗祸。民主制呀！民主制呀！所谓某某甲国、某某乙国，只是为了称呼的方便，把地球的各部分划分出来，并非要让居民的心形成隔阂。把世界人类的智慧与爱情融为一个大的圆形整体，这就是民主制！

"立宪制不坏。民主制好！立宪制是春天，还有些霜雪的气息，民主制是夏天，不再有霜雪。用中国人的话来说：立宪是贤者，民主是圣人。用印度的话来说：民主是如来，立宪是菩萨。立宪是可贵的，民主是可爱的，立宪是客栈，迟早必须离去，而不能离去的人，是行走不便的人，或是跛子。民主是住宅。啊！长期旅行的人，回到自己的住宅里，是何等的放心啊。

"法国与英国相比，稍后走上了自由之路，然而，一跃而迈入了民主制度，实在是伟大啊！英国人多智，法国人多情；英国人沉着而刚毅，法国人冲动而激烈。英国人一旦走上进步的道路，不会再迷失方向。法国人进步得快，退得也快。啊！他们真是后退了吗？他们砍去路易十六的首级，掬取其热血，将之洒在欧洲各国国王的头上。虽然无衣、无鞋、无兵器、无粮食，却益奋发前进，人人头上都戴着平等的大灵光，敌弹不能伤，敌刃不能创。想一下子全将各国的制度，一变而为平等制度，这似乎太狂热了吧！拿破仑一世，百攻百克，千战千胜，连普、奥、俄、英的军队，也不能抵挡，与其说是韬略的卓越，还不如说是因为当时法国人受平等狂热病的热情所鼓舞，其身体、其精神全都远超平常人。

“然而，法国人不久却忘掉了平等的大灵光的作用，反而被拿破仑的彩旗弄得眼花缭乱，放走了绰约的民主天女，豢养了狰狞的帝国猛虎，相率地以自己为其食饵，甘愿退到百年前的形势。法国社会的逻辑，顿时失去了它的次序。不！这正是法国社会的大文章、大波澜。英国是秀才的文章，前后次序井然；法国是天才的文章，突兀而无次序。他们后来打倒路易·菲利普[①]，打倒查理十世[②]，又打倒拿破仑三世，民主政治至此告一小段落。啊！不停顿的变动，是法国文章的次序呀！从开头到结尾，变动应接不暇，或使人爽快，或使人凄惨，或招人喜，或惹人怒。英国是一部教科书，法国是一本剧作。英国是拉斐尔的画幅，法国是米开朗琪罗的壁画。英国是杜少陵的律词，法国是李白的古风诗。英国是程不识[③]，法国是李广。德国又如何呢？它只是政治国而已，还未达到政理国……”

洋学绅士突然说：“我偶然乘兴而喋喋不休，很多地方颇失逻辑性，先生，请多宽恕。”

接着，洋学绅士嗓音越发激扬地说：“暂就占据广大国土，养有百万精兵，排列千百艘军舰，民殷物丰、土产饶多的国家来说，以富强自恃，称雄一世，并非难事。至于疆土狭小、民众寡少的国家，如不以道义自守，则无其他可凭恃。陆军则不过十数万，军舰也不过十余艘，如欲大肆扩充水陆军备，不亚于其他强国，则不免因财

① 路易·菲利普（1773—1850），法王，1830—1848年在位。——译者

② 查理十世（1775—1836），法国波旁王朝最后之王，1824—1830年在位。——译者

③ 程不识，西汉人。景帝时任太中大夫，作战时，素以所部营阵严整闻名。与李广同为当时名将。——编者

力之不足而重税苛敛，招致民怨。欲开垦田野，奖励农业，但土地本来就狭小，突然使之扩大根本不可能。土地的产量，也有一定限度，不可能随意增殖。欲振兴工业，以机械或手艺增加收益吗？虽然货物增产，但找不到销路也无可奈何！

“试看欧洲各国的经济形势吧！英国据有印度，打下了坚实的基础，对亚、非、美各洲到处侵略，四处移民，不遗余力地策划着自己发财的计谋。法国在非洲割取了阿尔及利亚，在印度割取了西贡，在中国割取了安南[①]。至于其他各国虽然攫取的土地有大有小，其权势的扩张有轻有重，但无不是侵占他国土地，采取既定的政策，为自国货物打通销路。诸如区区一小国的人民，如今仅仅出兵十万，遣军舰百十艘，运到遥远的国外去侵占土地，欲用以扩大本国经济的流通，那么这不是愚蠢便是发狂。如果只是努力自守，以求得自给自足，那么你为何不为此而探索提出一种政策呢？这种政策是什么呢？请听我继续谈。

“建立民主、平等的制度，把人身的自由归还给人们，拆除城堡，撤销军备，对他国示以无杀人之意。同时，示意相信他国也无此意。使举国上下成为道德的花园，学术的田圃。设置一院制的议院，防止国家首脑发生分裂。凡是达到成年者除白痴、疯癫外，其他只要道德品质上没有妨碍，不论贫富，不分男女，皆有选举权和被选举权，都具有独立的人格。地方官，上至县令，下至户长，全由公选产生，人们无需讨好行政官。并且法官也公选产生，也不需取悦于行政官。大力兴办学校，不收学费，使国民都有就学成为绅

① 安南为越南古名。历史上的越南长期臣服于中国中原政权。——译者

士的手段。废除死刑，除去法律中残酷的绞具。废除保护税，去掉经济嫉妒的壁障。只要不伤风败俗，或不致煽起祸乱，一切限制言论、出版、结社的条令都要停止。论者得到其唇舌的自由；听者得到其耳鼓的自由；笔者得到其手腕的自由；读者得到其目睫的自由；集会者得到其腿脚的自由；如此等等，就是这种政策的纲领。至于细目，则可另行审议。

“道德的花园，人人喜爱，人人仰慕。谁也不忍心将之破坏。学术的田圃，人人利用，人人受益，谁也不愿将之毁掉。请试行一下吧。如果不好可以停止，这有何害呢？请看化学家，如果有所发现，他不是走进实验室做实验吗？试以亚洲的小国为例，可以作为民主、平等、道德、学术的实验室。我们或许可以蒸馏出世界上最可贵、最可爱的、天下太平四海庆福的化合物吧！我们或许可以成为社会学实验的普里斯特利[①]、拉瓦锡吧！这就是我要说的一种政策。

“而且，进化神常常莅临人类的头上，它扬威发怒，有时频繁，有时稀少。或一百多年发怒一次，或一千多年发怒一次。它频繁发怒时，其愤怒不甚激烈，它一千多年发怒一次时，其愤怒则实在令人恐惧。这正是我们人类的姑息造成的。在进化神露出温和的笑颜、发出轻柔的声音的时候，人们没有除去横在路上的不平等的岩石，对妨碍自由的丛生的荆棘，也不加以割除，所以等到进化之神到来之时，扬威发怒强行通过，乃是迫不得已的事情。

“因此，信奉进化之神的僧侣——政治家，可以统计一下各自国

① 约瑟夫·普里斯特利（1733—1804），英国化学家，因支持法国革命受到迫害，后移居美国。——译者

家自古以来进化之神发怒的次数，如果认为是稀少的时候，为防备其发怒则应奋发努力，对社会大大地加以涤荡与振刷。作为政治家的僧侣，如果不充分重视这个道理，则将在数十百年后，或许会令其君主重蹈英王查理一世、法王路易十六的覆辙。君遭祸，民也遭祸，不免为后世所讥笑。不可不以为戒。现在即使不能有大的涤荡改革，但不断地积攒岩石，日益遍植荆棘，堵塞迟早一定要光临的进化之神的道路，故意招惹其震怒，那又是什么居心呢?!

“也许有人说：民主制确实合理，但实行则甚难。除非知识水平达到一定程度，风俗已经完美，不然，民主制度只能导致混乱。总统是行政职务的首长，依靠群众选举获得职务，所以其威严远逊于帝王，一旦遇有奸雄觊觎篡位，官民解体，全国不免引起混乱。而且，想得到尊贵职位，乃人之常情。虽然大总统的职务实际是靠选举产生的，但与一般人民相比，当然尊贵，足以在民众面前夸耀。因此，在民主国家中，稍有志气者，都希望自己进而能侥幸登上总统的宝座，千方百计地谋取群众的信任。争取出人头地的风气，终归不可防止。这是民主国家的通病。

“至于立宪制则与此不同。帝王的职务是世袭的，以此足以镇压野心家，而且又有神圣不可侵犯的宪法，所以王公、将相虽然尊贵，但谁也不敢放纵自己。庶民皆能维持其自由而不致丧失。所以，立宪制是居于君主专制和民主制两者之间。就君主的尊严足以镇压野心家而言，与专制国相类似。就其人民有自由而言，又与民主国相类似。总之，可说它并存了两个制度的优点而无其害。因此，孟德斯鸠在其《论法的精神》一书中，斯图亚特·穆勒在其《论代议政体》一书中，评论各种社会制度时，都提过制度必须与民众风俗的高下相适应的意见。

“啊！这个意见，可以说是老生常谈，可以说是世界进步的障碍，似是而实非。而且，现今我们可以对按民主制度治理的国家，做一些考察。美国、法国、瑞士等国的民众，果真都是君子，其风俗都很淳朴而无欠缺吗？不然。每遇总统改选期间，常常不可避免地要发生祸乱？不然。也会常常发生奸雄之流觊觎篡位之患吧？不然。

“更进一步来说，如果立宪国的民众，因其有唯我独尊的君主，才得安宁。这时，其安宁的幸福，并非靠自身的自由之权而得，而是靠君主才得到的。啊！君主也是人，我也是人。同一人类的身躯，不能靠自己的权利而生存，仅靠他人而生存，这岂不是奇耻大辱吗?!”

洋学绅士继续发言说：“而且，民主制度在停止战争、促进和平，使地球上各国合而为一个大家庭的问题上，是不可欠缺的条件。关于各国停止战争、促进和平的论点，在18世纪时，首先是法国人圣皮埃尔[①]提倡的，但是当时赞成这一论点的甚少，多数人认为这终究是不能实现的。甚至有人嘲笑圣皮埃尔说他是空谈家。就是伏尔泰这样一个知识渊博、关心社会进步的人，听到圣皮埃尔的学说，也发出几句嘲笑之辞，说他自作聪明，故作智慧。唯独雅克·卢梭特别称赞圣皮埃尔的论点，挥笔疾书褒彰圣皮埃尔的著作，并说：‘这是一本世界上不可或缺的著作。’后来，德国人康德

① 圣皮埃尔神父（1658—1743），法国启蒙思想家，在主要著作《永久和平计划》中主张设立欧洲各国永久的国际机构，来实现持久的和平。——译者

也继承圣皮埃尔的主张，写了题为“永久和平论”的著作，论述了停止战争，促进各国友好的必要性。康德说：‘即使退一步说，人心爱好功名，欢喜胜利的感情，终究不能去掉，而和平在当今世界还不可能实现，但是，只要是尊重道义的人，当务之急都应该朝着此目标前进。不言而喻，这正是人类的责任……’云云。但是作为后辈的学者，对圣皮埃尔的论点还有一点不满意之处，就是停止战争的手段问题。

“凡是古今各国兴兵打仗，其原因虽然很多，但仔细考察之，帝王或将相好大喜功、耀武扬威的念头，则常是打仗的祸因。所以，世界各国如不采用民主制，要想停止战争则是不可企望的。圣皮埃尔未考虑到这一点，他对当时各国的形势未予注意，只是因袭旧制度，未加丝毫改革，专靠枝节的条约誓盟，想借以实现和平。殊不知帝王将相只观察彼我之强弱，如彼强我弱，则不得已做一时的媾和缔结盟约，以求自己喘息之机，一旦达到国富兵强，虽有千纸盟约，又怎能制止其桀骜之志呢?

“因此，近来法国哲学家爱米尔·阿科拉[①]区分各种法律时，把所谓的国际公法列入道德类，不列入法律类。他的意思是：凡所谓的法律，必定要有管理和执行的官吏，而且对违犯者，必定要进行惩罚，否则，即不成为真正的法律。如果是道德，履行与否，那只是人们的良心问题。所谓的国际公法也是如此，既无执行的司法部门，又无负责惩罚的官吏，因此，根本不成其为法律。

① 阿科拉（Emile Acollas，1820—1891），法国激进的政治家和法学家。他参与第一国际，是“和平与自由同盟”创始人。中江兆民深受其影响。——编者

“阿科拉在论及各国战争的种类时说：凡战争，其起因大致有四：一，王室系统之争；二，宗教之争；三，人种之争；四，通商之争。回顾这四种原因，宗教之争和人种之争近来已敛迹，很少发生。在今天为战略要地之争、为货物销路之争，或为王室继承权之争，而采取军事行动的，实居多数。前者是阿科拉所谓的通商之争，后者是他所谓的王室系统之争。进一步探索其内幕，不问其原因属于何种，或帝王，或宰相，为取得功名，以琐事名义为借口而采取军事行动者居多。但是在民主国家中，以自由之理、平等之义、友爱之情等三者为社会的基础，要优胜于邻国，只有靠学术精湛和经济富裕两点。总之，君主国家是靠有形的实力，以求取胜于邻国。民主国家则是靠无形的思想，以求取胜于邻国。

“圣皮埃尔一经提倡世界和平的论点，雅克·卢梭即加以赞扬。到了康德更进一步加以发挥，使之提高成为与哲学相称的理论形式。现列举他的论述如下：

“康德说：要想得到一切国家停止战争、维护和平的好结果，除非各国尽皆采用民主制，否则是不可能的。各国既已采用民主制，此时，人民的身体不复为君主所有，乃自己所有。假如人民归自己所有能自己做主，岂有自相屠杀之理……当两国互相攻击时，凡因战争产生的灾祸，谁首当其冲呢？执兵器作战的是人民，出钱充当军费的也是人民，房舍被毁、田园被践踏，受害的还是人民。事件平息之后，募集国债、承担善后之策的还是人民。而且，这种国债，最后不可能如数偿还。为什么呢？一旦交战，灾祸即会接踵而来，结怨日深，虽然一时讲和，但不久又会再发生。这是不可避免的趋势。果真如此，作为人民，岂有自己喜好发动战争的道理吗?

“康德又说:在君主国家则不然,帝王是国家的所有者,不是国民的一员,因而让人民流血、靡费民财,帝王毫不在意。这是为什么呢?两军既经交锋,炮弹相继造成死亡,枪弹相互杀伤对方,以致肝脑涂地、膏血润野。而这时,帝王或狩猎于猎场,或宴饮于宫中,与平时并无不同。而且,在出兵之初,以冠冕堂皇的名义为借口,实则以人民的性命和财产为赌注,追求自己的功名。所谓战争,对帝王来说只不过是一种游戏而已。

“因此,最近在欧洲各国的学者中,凡提倡停止战争、维护和平论点的人,全都主张民主制度,希望而后联合世界各国组成一个大联邦。其言虽似夸大,但按政治进化的规律来考察,不见得不是如此。

“啊!进化规律呀!为什么不迅速转动你的车轮,迈开你的四蹄,对生长的东西加以培育,衰落的东西使之覆灭,让地球上几亿生灵,尽皆得以高高兴兴、自由自在地生活呢?啊!欧洲数以亿计的自由人民啊!在你们各自的国家里,有民法、刑法等各种法律,保护你的身体、你的财产、你的家室,使你们不会横遭祸害。即便有暴徒敢于加害于你时,国家的法律将迅速予以惩治,使你得到安慰。你或你的财产受到损害,无须你起而与之格斗,只须以一纸文书起诉即可。此时,公平的法官按公开的条文处断,使你取得补偿。这就可以说:你的生活已脱离野蛮互斗的危难,进入了安全的文明制度。

“你进而把视线转向国外作一观察。你的邻国所铸造的枪炮,是为了有朝一日一弹之下将你杀死,为了焚毁你的房舍。他们制造的铁舰、水雷是为了轰击你们临海的房屋和树木。虽然你今天可以高枕无忧地安睡，但是明天也许会暴尸于原野。人和人过着文明的生活，家庭和家庭追求文明的安居乐业。由人集聚起来的民众之间过着野蛮的生活，由家庭集合起来的国家之间处于野蛮的危难中。传染天花的病毒，可以种牛痘加以避免；疟疾肆意逞凶时，可以用石炭酸来防治；但邻国敌人的炮弹则不能避免。火烧毁了房屋，水倾覆了舟船，可以根据保险制度获得赔偿。但是，邻国敌人的兵祸不能阻挡……你的邻国的敌人，有一天要杀你，要伤害你，要烧毁你的田宅，要轰击你的海湾，你真正为此忧愁吗?!那么你为什么不迅速把你的枪炮销毁呢?!为什么不把你的军舰烧掉呢?!

“在19世纪的今天，以武威为国家的光荣，以侵略为国策，强夺别人土地，杀害别国人民，一心想当地球的主宰者的国家，真是疯狂的国家啊！在欧洲的东部我见过一个疯狂的国家。看其历代君主遗留给其子孙的国策，就可知道……投以剧毒，见其药效出乎意外地剧烈，而自身既惊又悔的是德国；侮辱别国是吴下阿蒙，但适得其反，自身受屈辱而悔恨的是法国；买了众多田宅，积蓄了财富，害怕别人来抢，为多方防备而苦恼的是英国；像儿童看见大人恣意狂为，殊不知大人心中尚有种种忧虑而妄加钦羡，想加入其行列的是意大利。四五个狂人相互挥棒乱斗，而可爱的婴儿在中间嬉笑游戏，反而未遭创伤，这不是比利时、荷兰、瑞士吗？美利坚呀！美利坚呀！封建诸侯国家的武士们，为了肩负本藩的名誉，互相逞勇仇视，你一旁观看笑而不顾。专心致力于家业，发财致富的是你美国吧?!心神迟钝不锐敏，手足笨拙不灵便，依仗身躯高大，不怕与人格斗的是亚洲的一大国呀！身体瘦弱、胆小怕事，因而相互抱为一团，时时受其他暴徒欺凌之苦的是亚洲诸岛吧……！怎么，你未见过他们当中有一个神童吗？他将来能发展到什么地步，是不可估量的，你为什么视而不见呢？

“法国和德国，在查理大帝时，此两国实为一体。后来，路易十四的法国，征服了德国。其后，弗里德里希二世的普鲁士打败法国报了仇。以后，拿破仑一世的法国又征服了德国。近日，威廉皇帝[①]的普鲁士打败法国又报了仇。如此世世相征讨，代代相报仇，何时算了?!威廉皇帝的普鲁士和拿破仑的法国结怨很深。但是，普鲁士人的普鲁士和法国人的法国之间，又有什么怨恨呢?!

“普鲁士人的普鲁士和法国人的法国，这两国人都是文明人，都是有学问的人，不是一介武夫。法国已经是法国人的法国，普鲁士一旦成为普鲁士人的普鲁士，我看一定可以结为兄弟。法国的机敏，普鲁士的沉着，我看一定可以结为朋友。俄国呀！俄国呀！你是蛮勇的武夫，你若是脱离亚历山大皇帝的俄国，不是可以成为俄国人的俄国吗?!狂暴的虚无党人往往采取激烈的手段，我知道这里有他们的深意。英国也是文明人，有学问的人，喜爱积蓄财富的人。所以，它肆意施暴逞强于亚洲、非洲，其实是因为担心俄国之祸患，不得已而为之吧……。英、法、俄、德诸国，你们只有在你们的子弟中，努力使之不出现所谓豪杰的怪物。不幸出现豪杰的怪物时，要慎重，勿听其言。如误听其言，你们则将不能为你们自身所有，而为怪物所有。

“我想再说一句，地球上各大国，多是愚蠢的，死守君主制，不

① 威廉皇帝（1797—1888），普鲁士国王，1861—1888年在位。——译者

仅自祸，也祸于君主，或将来致祸其君主。各小国为何不主动采取民主制，使自己幸福，且使其君主也幸福呢？地球上各强国，大多胆怯，互相畏惧，养兵列舰，反而自危。各弱国何不断然自动撤兵，遣散军舰，以此求得平安呢？”

豪杰君将双膝向前略移，而后说：“绅士君所言，确是学者高论啊！学者所言可以写成书，但不能付诸现实。绅士君，你可试着到伦敦、巴黎、柏林、彼得堡去发表你的高论。该国的新闻记者也许会半开玩笑地在他们的报纸上予以发表。政治家恐怕对它……”

洋学绅士立即说：“政治家一定把这看作是发狂。被政治家视为发狂，这正是我感到自豪的原因。学者啊！学者！今天所谓的政治家，就是社会上最不懂政治的人。学者啊！学者！古人说：如非哲学家掌管政治，真正的升平之世终究是不可企望的。这是可信的。”

豪杰君说：“绅士君的意见，我充分了解了。但还要请问一事。绅士君打算劝说各弱小国家，迅速采用民主制，而且迅速撤除军备，其意图是否在于暗中期望美、法等民主国家有感于他们志向伟大、事业卓异而来支援他们，寄希望于这种侥幸的可能上呢？”

洋学绅士回答说：“不是，不是，以一时侥幸决断国家大事，这是政治家往往失败的原因。我着眼的只是道义。美、法等国有感于我们志向伟大、事业卓异而来援助我们，抑或俄、英、德等其他国家，在势力均衡的意义上而保护我们，这完全是他们自己的事，我们无法知道！”

豪杰君说：“那么，如果有凶暴的国家，乘我们撤除军备之机，遣兵来袭，我将如何对待呢?!”

洋学绅士说：“据我所知，绝无如此凶暴的国家。如万一有之，那么我们只有各自为计。但是，我所希望的是，我们不持一件兵器，不带一粒子弹，从容地说：‘我们对你们没有做过失礼的事情，幸而我们也没有受谴责的理由。我们国内实施共和制，没有争执。我们不愿你们干扰我们的国事。你们赶快回去吧！’他们仍不听，荷枪实弹对准我们时，我们大声疾呼：‘你们为何如此无礼无义！’于是饮弹而亡，别无良策。”

豪杰君失声大笑着说：“哲学思想蒙蔽人心竟达到如此地步啊！绅士君数小时滔滔不绝地高谈阔论，论世界的形势，讲政治的沿革，而最后一着，只不过是让举国人民拱手在敌弹下送死而已。说得太轻巧了！有名的进化之神的效验果真如此吗？幸而我清楚知道群众一定不会依赖此神的仁慈之心的。”

洋学绅士说：“欧洲学者中否定战争的人都说：‘进攻是违反道义的，防御是符合道义的。’其意思是打算把各个人具有的正当防卫的权利，用于国家方面。按我的想法来考虑，这是极端违背哲学宗旨的。为什么呢？本来杀人是坏事，因为它破坏了生命的秩序。所以，宁可别人杀我，我也绝不杀人。问题不在于其人是不是盗贼暴徒。为什么呢？如果因为他想杀我，所以我也杀他，这种说法和对方想做坏事，所以我也做坏事同出一辙。也许有人会说：生命最可贵，而强盗想无故断送我的生命，所以我杀他，是为了保护我宝贵的生命。对此，我想要说：生命诚然可贵，但是我的生命宝贵，他人的生命也宝贵。问题不在于对方是不是强盗。如此看来，最好是专以自我防卫保护自己的生命，等待警察的到来。否则，结果了强盗的生命，又违背了哲学的宗旨。所以说：正当防卫的权利，实际是不得已而为之。”

"然而，以此道理用于国家，其不合理之处，就更明显了。为什么呢？敌国来犯时，我如果严阵以待，枪击以自卫，这已是防御中的进攻了，这不免是在做坏事。因此说：个人的正当防卫的权利，移用于国家之间，这越发是违背哲学宗旨的。豪杰君，我的意思是，我国人民不持一枪，不携一弹，希望死于敌寇之手，是为了使全国人民化为一种活的道德，成为永垂后世的模范。他做坏事，所以我也做坏事，这是你的论点，不是降低自己身份了吗？"

南海先生听此问答，默默一言未发，至此更自饮一杯，随即为二客满杯后说："我已听了绅士君的宏论，豪杰君，也谈谈你的高见，使我获取教益。"

豪杰君于是说："说起战争，按学者的理论来说，不论对战争如何厌恶，事实上毕竟是不可避免的大势，而且喜胜厌败，乃动物之本性。不论虎狮豺狼以及昆虫之类，凡生活于天地间的生物，无不以猎取而谋生存。请看生物之中，越聪明的越勇猛；越愚蠢的越怯懦。家鸭是禽类中最愚蠢的，家猪是兽中最愚蠢的。鸭只会呱呱叫，不会踢，也不会咬。猪只会哼哼叫，不会踢，也不会咬。这两种动物，当真可以说是温顺吗？请看幼儿吧！刚会爬行，看到猫、狗等就会举棍去打，或者揪着尾巴摇曳，他那圆圆的面颊显露出欣然自得的神态。不然，其身体一定是虚弱无力的。愤怒发自义气，有义气的无不愤怒。所以猫捕鼠，是猫的义气。狼捕鹿，是狼的义气。这两种动物，岂能说是不仁吗？把这两种动物说成不仁，这毕竟是我们人类中的语言罢了。

"而且，所谓学者，尊重理论，轻视斗争。但是实际上也是不免喜欢胜利厌恶失败的。试看，两学者相对而坐，各自阐述其学说，互相争论，相互驳斥。最后，声色俱厉，挪身向前，怒目挽袖，互相争吵起来，不再听对方所云。他们一定会说：不是自己喜好胜利，而是，喜好自己主张的道理的胜利。好一派遁辞！假如真的喜好道理的胜利，那么，为何不平心静气地阐述自己的主张呢?!

“争是人的发怒，战是国家的发怒。不能争的人是懦夫，不能战的国是弱国。如果有人说争是不道德，战是下策。那么，我要对他说：在人的现实中，就有不道德的事情，不是无可奈何吗？在国家的现实中，就有实行下策的，不也无可奈何吗？现实如此，岂能奈何？

“因此，文明国必定是强国，它们有战无争。因为有严格的法律，所以人与人无争。因为有强大的兵力，所以国与国不能不战。野蛮人常常相争不已，哪有空暇去战呢？查阅古今历史文献，古老的文明国家，是古代的善战国，现今的文明国家，是现今的善战国。斯巴达善战，罗马善战。到了近代，英、法、德、俄是最善战国，随着社会的日益进步，以及智力的日益开发，用于战争的兵力越来越多，武器越来越精，城堡越来越坚固。因此，军备是各国文明成果的统计表，战争是各国文明力量的体温计。两国即将宣战时，其中学术最精、资财最富的，必可获胜。这是因其军备最充实的原故。五大洲之中，欧洲文明最先进，所以，军备最充实，战斗力也最强。这不是明证吗？这不是事实吗?!

“俄国有兵百余万，想要吞并土耳其，想要吞并朝鲜。德国也有兵百余万，已经踏遍法国，并想把势力伸向亚洲。法国也有兵百余万，想向德国报仇，最近又掠取了安南。英国有军舰百余艘，地球上无处不有它的殖民地。请看近来欧洲各强国的所作所为吧！

俄、英、德、法，互相怒目以视，各自摩拳擦掌，伺机而动，颇有一触即发之势。恰如堆积的炸弹在地上滚动一样，一旦轰然爆炸时，千百万士兵将践踏欧洲原野，千百艘战舰将搅乱亚洲海面。到那时，仅仅高唱自由平等之大义，申述四海兄弟之情，这不真的成了陆秀夫讲《论语》[①]了吗？

“炎夏酷暑如蒸如烤。有人面向桌子，靠在椅上，或翻书吟读，或闭目瞑思，汗流浃背而不觉其热。冬夜五更，灯暗炉冷，砚墨逐渐结冰，手足头脸、胸腹脊背，毫无暖气，其人仍凭椅对桌而坐，或翻书吟读，或闭目冥思，而不觉其寒。他当真有什么乐趣吗？确有所乐，而且其乐极大。其头脑的智慧，将成为内心全部力量的统帅，以归纳法为枪炮，以演绎法为舰船，击破种种谬谈之劲敌，进入真理之都城，其乐极大。商人挫败市况不振之敌而攫取巨利以为乐；农民战胜气候反常之敌而获丰收以为乐。其他，从事一个行业，学习一门技术的，无不企求胜利，人们无不愿望快乐。人皆各有所乐，国也不可无所乐吧！使个人快乐的是各自之心。使国家快乐的是宰相的计策，武将的韬略。如计策正确，各国争先与我国结盟，如果韬略卓异，敌国一战即被击败，国之快乐何其大哉！

“而且，绅士君一直把战争看作坏事，想象士兵的栉风沐雨之苦，以为真正的苦，想象士兵焦头烂额之痛，以为真正的痛。这是真正的苦吗？真正的痛吗？战斗主要是靠勇敢，勇敢主要是靠士气。

① 陆秀夫（1236—1279），南宋大臣。楚州盐城（今属江苏）人。元兵追击到福州，他拥赵昰为帝继续抗元。赵昰死，他又立8岁的赵昺为帝，任左丞相。他对年幼天子孜孜不倦地讲授《大学》，说要治国平天下，必须修身齐家的道理。在厓山（今广东新会南）被陷时，背负赵昺投海而死。——编者

两军对阵，士气如发狂，勇敢如沸腾之水，这是另一个天地，是崭新的境界，哪里有什么苦或痛呢?!敌军距我若干里处宿营，我司令官已派遣侦察兵前往，详细摸清敌情。我军绕过山腰，通过小路，出敌不意，忽出现于敌后，忽出现于敌侧，一时大炮齐发，众枪齐放，乘硝烟而突击，风驰电掣般冲锋上去，此时，我军必然一举而取胜。我则挺身在前，若未死，则将勇冠三军，即使身亡，也可流芳后世。这是士兵之乐，其乐极大。绅士君不畏酷寒，不怯炎热，翻书而吟读，瞑目而沉思，不自为苦痛。作为军人哪里能以死伤为苦痛呢?!

“茫茫旷野，十里不见人家。望四方冈峦起伏蜿蜒，宛如屏风排列。天晴风和，旭日照霜，铺开的枯草地上，细茎一踏即折。此时大约是晚秋，或初冬光景。敌军在我前方布阵，兵力约有十万或十一二万。该将官某某是善于用兵的有名人物。其士兵亦颇精干善战，所执武器又极锐利。我军十万，皆刚强勇猛，平素信服我的指挥。我军如取胜，则长驱直捣敌都，不使敌有喘息之机，迫其割让土地，要其赔偿。如果签订和约，这时，我王国的武威，将光被四邻。如不能取胜，则以一死而留骁勇之名于后世。这是大将之乐也，其乐极大……绅士君，绅士君，你以笔墨为乐吧！我以戎马生涯为乐！”

南海先生听了此言后微笑着说：“二位青年血气方刚，可以各自的乐趣为乐吧！我的乐趣唯有饮酒而已。”于是又连饮两杯，抚胸说：“快哉！快哉！”

洋学绅士说：“豪杰君，方才和你共论国家大事，并非议论自身之乐，你的谈论似乎也离开本题了吧！”

南海先生说：“豪杰君善探人心深处的奥秘，长于描绘人的快乐情感，仿佛是从心理学家的学说学来的。”

豪杰君说：“对不起，请允许我进入本题吧！当今世界各国竞相重视军事，凡学术所得发明创造，尽皆用之于军备，使之日趋精锐。如物理、化学、数学等，或使枪炮更精良，或使城垒更坚固。如农、工、商各业，或供给武器之费用，或提供军用之粮秣。总之，凡各行业皆转注汇流于此，无不倾己力于军政。百万士兵，数千舰队，所以能在一声令下，立即直指敌城，驶向敌港，是因为没有不服从指挥和违犯纪律的缘故。

“啊！在此成千上万，众目虎视眈眈之下，国家执政者，除军政外又能靠什么维护自己呢？然而，他有兵百万，我方军队只不过十万；他有军舰千百艘，我方军舰尚未超过数十只，在此情况下，即使天天操练，达到极其精锐程度，结果，也只不过是以卵投石等于儿戏罢了，最后只不过是一时让人看看热闹而已。如果打算以此抵御外侮，若非愚蠢，便是发狂。我方港湾未遭轰击之害，只是侥幸。我方堡垒未遭焚烧之祸，也只是侥幸。对方根本不是怕我，他们尚未来犯是因为他们自己尚有不能来犯的原因。他们一旦打算来犯，就会立即来犯。届时，我港湾会遭轰炸，我城堡会被烧毁，我州郡会被割让，我首都……啊！在今天，各小国是多么危险啊！

“然而，小国想突然成为大国是不可能的，贫国想暴富也是不可能的。兵少也不可能增加，舰少也不可能增多。但是如不增兵加舰，不使国家富强、扩大，此时，甚至会导致灭亡也未可知。这是算术的简单道理。你不曾见到波兰和缅甸的例子吗？还算幸运，在今天我们有使国家扩大和富强，增兵和加舰的方法，为什么不迅速采取这一方法呢?!

“不知是在亚洲还是在非洲(我一时忘记了),有一个大国(我一时把它的名字忘了)。它,国土非常辽阔,资源极其丰富。但它又非常衰弱。我听说,这个国家虽有百万余军队,但杂乱无训练,一旦危急毫不顶用。又听说,这个国家虽有制度,却宛如没有。这是一只极肥的上供用的大牲牛。这就是天赐给小国使其果腹的食饵。为什么不快去割取一半,或割取三分之一呢?颁布一张诏书,募集举国壮丁,此时,至少也可得四五十万人;倾国库之财,至少可买数十上百艘军舰。士兵去、商人去、农夫去、工人去、学者也去。士兵负责打仗,商人去做买卖,农夫去耕田,工人去做工,学者去任教。把该国的一半或三分之一割取过来为我国所有,我们将成为大国!物丰人众,加之施以政治教化,可建城垒,可铸大炮,陆地可动员百万精锐之师,海上可排出百千艘坚舰,我小国一变而为俄国、英国……

豪杰君稍稍落后于时代了

“过去的小国如何处置呢?我们既然已经得到了新的大国,过去的小国何须再放在心上!而且我皇上亲率中央军,由水师提督某某,某大将、某中将、某少将伴随护卫,乘坚固无比的某舰渡海,乘我某路军之大捷而奠都于某地,新建宫殿,结构极其宏伟壮丽,数层楼阁,巍然高耸云霄。御林军环列,近卫骑兵围屯,构成皇帝的住处。因此,我皇上,乃我新大国的皇上。过去的小国,任凭外国来取吧!俄国先来了,我们给俄国,英国先来了,我们给英国……不,不,这不是上策。过去的小国里有民权主义者,也有民主主义者,他们大都不喜欢君主,不喜欢军队。我君主、我军队都迁徙到新的大国。所以把过去的小国全都给民权主义者、民主主义者吧！可想而知他们一定很高兴，这岂不是上策?!

“历代的皇陵怎么办？虽然民权主义者凶顽，不喜欢君主，对已故的君主也不喜欢，但是，还不至于对陵墓施以无礼之举吧！年年遣使前往祭祀，何至欠缺追远之礼[①]呢！

“我们既占有了这一大国，地广民多，兵强舰坚，日益提倡农业，发展通商，扶植工业，政令日臻完善，国家财政日益富庶，用以购买欧美文明之成果。我人民也随之富庶起来，也用以购买欧美文明之成果，此时，英、法、俄、德虽然强悍，怎敢再欺侮我们呢？

“而且，英、法、德、俄等国，他们今日所以能富强，非一朝一夕的原故。其原因颇为复杂，其手段也极多样。或有贤明君主统治施行仁政；或有优秀宰相辅佐君主，实行适当的内政外交政策；或有名将建树武功；或有博学之士提倡真理正义；或有杰出工艺家制出精巧之器。在升平时代，把它贮存、浸润，战争时代，把它过滤、搅拌。经甘霖加以滋润，由阳光把它晒干。或是离开隘路，踏上坦途，或是出激湍入缓流。或左、或右，或缓、或急。经过千辛万苦，好不容易达到今日文明境地，这是如何耗岁月、拼智力、下功夫、损生命、费财力的事啊！

“然而，我们如想在一旁坐享其成果，一跃而闯入文明境地，若非用钱来买，其他手段是没有的。然而，文明的价格极为昂贵，非些许小额可以买到。所以，小国想一下买到，国家财力顿时耗费殆尽。若想逐步出钱，徐徐购买，那时，我们尚未买到多少，就会

① 追远之礼。《论语》学而篇：“曾子曰，慎终追远，民德归厚矣。”意思是对父母的丧事，要办得谨慎合理；祖先虽远，须依礼追祭。——编者

被对方吞并。为什么呢？因为我们虽小，但他们若吞并我们时，毕竟是有增于他们文明的内容，可以取得几分利益。而且，即便他们温厚，出于怜悯不吞并我们，但是，他强大，我弱小，我也不免会被融化，会被消灭。犹如炎日下的一滴水，太阳虽无意将它晒干，但它会被自动蒸发而散去。这就是强与弱、大与小之间的趋势。

一整套实际的经济政策他日必定会由此而产生

“因此，后进国想得到文明的内容，其方法虽然很多，但主要地不外乎是用巨额金钱去购买。就小国来说不可能支付如此巨款，必然要进而侵占另一大国，非使自己变为富国不可。然而，靠上天保佑，眼前有一庞然大国，土壤肥沃，而军队软弱，还有什么比这更好的幸运吗？假如让这个大国强盛起来，我们想侵占以自富已不可能。现在幸好该大国懒惰懦弱，易于征服，作为一个小国，何不迅速夺取呢？夺取以自富自强，比不夺取以自灭，岂不是好得万万倍吗！”

豪杰君又饮酒一杯，继续说：“即便是从专心致力修明内政，为将来文明奠定基础的角度考虑，现时实行对外征服政策，也是不可避免的。下面我再加以论述：

“后进国踏上文明之途时，从前的文物、品格、风习、感情等一切都不可不为之而改变。于是在国人中必然产生怀旧和喜新两种念头，以致呈现相对立的观点，这是大势所趋。怀旧的人认为：凡新式的文物、品格、风习、感情，都有轻浮之状，虚夸之态。见之污目，闻之秽耳，言之作呕，思之眩晕。喜新之人，则恰相反，凡属旧事物，皆腐朽，散发臭气，拼命追求新式样，唯恐落后。虽然现在尚未达到如此极端地步，但详细区别之，则可见其必然站于两者之一方。总之，怀旧和喜新是这类国民中水火不相容的两个因素。

“不过，对这两因素进行分析，很不容易。但是，根据年龄、地区的习俗来判断，大体还是可以区分的。不妨试作一次实际调查。年龄30岁以上的人，往往皆怀旧者，30岁以下的人，往往皆系喜新者。即使30岁以上的人，自己努力采纳新事物，看起来也确实像喜新的样子，但仔细观察，即可看出，他在不知不觉中时时产生怀旧的感情，而且其力量不断占上风。至于30岁以下的人，免不了要受其父的教育或怀旧习惯势力的影响，但其言行中自然包含着喜新的因素，以致与怀旧因素毫不相容。这是不足为奇的。30岁以上的人，当其12、13岁稍懂人事后，每日所做，不是诵《诗经》《书经》，读《论语》《孟子》，就是挥枪舞剑。加之，其耳闻目睹，心志所遇，深深印在脑中的无不是旧事物，再也不能抹掉。至于30岁以下的人其头脑尚未接受任何影像之前，很快被新事物所浸润，喜新念头一直在其心上占居主导地位。这是两种年龄两种喜好不同的原因所在。

“或者有人会说：‘虽然年在30以上，但早就学习英、法图书，或读各种翻译读物，或活动在时代的第一线，深入研究关于自由、平等、权利、责任等学说思想，努力走上新道路，不甘居于年轻人之后的，为数也甚多。因此，不能以年龄来区别。’诚然如此。具有高明之才、卓越之识的人士，是不能以常理一概而论的。此外，不受年龄局限的，确实很少。

具有高明之才和卓越之识的人士，世界上果真有这样的人吗?……有，有

“试看30岁以上的人，和妻子儿女相处，看到儿子夏日持绢伞以遮阳，或在冬天围绒巾以御寒，便叱责说：你为何如此脆弱？酷暑有什么可怕？寒风有什么可惧？说此话的本意，并不在于使儿子在寒暑中受锻炼，而是由于他本人年幼时不曾用过这两件东西的原

故。听到他妻子谈论学问，或议论时事时，就严厉指责说：你是一个妇人，做好家务就够了，今后勿再谈论此事，免招他人讥笑。说此话的本意，不在于严禁‘母鸡司晨’，而是由于他年幼时未曾听过妇女谈论此类话题的缘故。然而他的儿子窃窃讥笑着说：家父何等粗暴不懂卫生啊！他妻子背后说：夫子多么愚顽不通世情啊！所以说怀旧喜新的两因素，可从年龄来大概加以区别。

“而且，这两因素也可以按地区的习俗来区分。大体上说，封建时代地租在二十万石以上的大藩，大多闭关自守，禁止外地人出入。因此，人们毕生的见闻，全都是藩内发生的事情，终身所接触的都不过是藩内的男女。于是，他们的思想、风习、衣着以及语言，自成一定的形态，俨然成为另一种族。即便是地租在二十万石以下的小藩，其城镇位置偏僻，与外藩也是不相往来的，与大藩也无何不同。总之，这些藩的风俗，质朴而尚武，以此成为地方风气。于是，这些藩的人，大多不是豪爽而厚道，粗野而勇敢，就是嫉妒而阴险，迟钝而愚蠢。于是，那些藩的人大都是怀旧、厌新，富有慷慨悲壮的气概，缺乏细致周密的才能。

“如果是位于四通八达地区的藩，当地人民日常接触四方的事物，应接四方的人士，在纷纷扰扰的环境中生活。于是，他们的习俗华丽而重文。那些藩的人大多不是敏慧而缜密，就是奸佞而浮薄。于是，那些藩的人在弃旧图新方面极为迅速。具有高明之才和卓越之见的人士，当然不能按常理而论。此外，不受地区、习俗局限的人实在很少。所以说，怀旧喜新的两因素，大体上是可以从地区、风俗来区分的。

“然而，由后进走向文明之路，在面临改革的国家，这两因素广泛渗透到朝野，波及官民，隐约在举国人民的心中潜移默化，到处互相角斗，互相争取胜利。两因素在宰相大臣之间，使宰相和大臣相对立；在诸官员之间，使官员相对立；在民间人士之间，使民间人士相对立，使农工相对立，使商人相对立，使父子相对立，使夫妻相对立，使子弟相对立，使朋友相对立。在上至朝廷的百年大计，下自人民日常生活的琐屑小事上，明显的表现是面对面堂堂正正的议论，隐蔽的则表现在饮食嗜好等方面，凡是人生有内心活动的地方，此两因素必然互相排挤、相互竞争，以致不可调和。于是，在一国之中，除了原有的朝野、官民、学者、艺术家、农工商人等不同行业的区分以外，另外产生了两大党派。这是难于救治的大病。某大臣、某将军是旧甲藩的人。某大臣、某将军是旧乙藩的人。甲藩是大藩，或者是位于边远僻地，与其他藩人不相往来。其习俗质朴而尚武，其人豪爽而厚道。反之，其人嫉妒而阴险。乙藩是小藩，或者是地处交通四通八达的城镇，其习俗华丽而重文，其人慧敏而缜密。反之，其人奸佞而油滑。于是，我清楚地知道：谁最富有怀旧因素，谁最具有喜新因素。不过，若是具有高明之才，卓越之见的人士，我是无法判断的。

“某大臣、某将军，约四五十岁。某大臣、某将军约二三十岁。于是，我清楚地知道：谁最富有怀旧因素，谁最具有喜新因素。不过，若是具有高明之才，卓越之见的人士，我是无法判断的。

旧自由党和改进党的班底

“而且，民间人士中，同样提倡自由主义，同样主张革新之说，但怀旧、喜新两个因素仍在暗中发挥作用，使两派人各具特色。试看，富有喜新因素的人，尊重理论，卑视武力，产业优先，军备滞后，钻研道德法律，认真研究经济规律，平时以文人、学士自居，极力排斥武夫豪杰之流和叱咤慷慨之态。当然，他们所景仰的是梯也尔、[1]格莱斯顿[2]之流，不是拿破仑、俾斯麦之辈。但是，富有怀旧因素的人则不然，他们认为自由是放纵不羁的行为；把平等看作铲除破坏的事业。他们以悲壮慷慨而自喜，一向极不喜欢枯燥难解的法律学、周密细致的经济学等。

“因此，让这类人读法国革命的历史时，他们对立法议会以及制宪议会在全国大动乱中制定不朽的法典，开辟了19世纪的新纪元等事，起初并不放在心上。但是当看到罗伯斯庇尔、丹东之徒，肆意逞暴竞相屠杀时，便跳起而大呼痛快！以至垂涎三尺，想模仿那类人的行动。这并不奇怪。这类人距今二三十年以前，全是击剑挥枪以战死疆场为无上光荣的人。其尚武的习俗是从远祖遗传下来的，三尺之剑便是其象征。传到这一代，越发注意珍藏不使遗失，及至发布废刀令后，才拭去眼泪把它收藏在箱里，心里无不暗中希望，有朝一日遇到机会再取出来使用。

“其后，自由民权的学说从海外传来，他们则不约而同地向往，到处聚集，树起党旗，以前的武夫一变而俨然成了文明的政治家！啊！那真的是要成为文明的政治家吗?!他的头脑中，素有战死疆场思想，苦于不能发泄，正好听到自由民权的学说，看到其中有一种果敢刚强的姿态，高兴地认为：这和我战死疆场思想相类似，不如以海外舶来的民权主义取代作为封建遗物的为君主战死疆场思想。这类人思想的进化史，莫不如此。固然这不是真正的进化。但

① 梯也尔（1797—1877），法国政治家。——译者

② 格莱斯顿（1809—1898），英国自由主义政治家。——译者

这类人非常欣赏议会，欣赏它便于大声疾呼，欣赏它便于对抗宰相大臣，他们非常喜欢改革，但并不是喜欢弃旧图新，只是专门喜欢改革，不论善恶都喜欢一起加以改革。喜欢破坏，因为它表现出一种武勇。不喜欢建设，因为它有类似于怯懦的地方。尤其不喜欢保守，因为它有最类似于怯懦的地方。

“由于未获得被选举权，进不了议会吧，在城南某街，或在城北某街，有一所破庙，这就是他们的俱乐部。他们不遗余力地攻击大臣，攻击议员，攻击新闻记者。这是因为他们喜欢攻击而攻击，从一开始他们就不知道自己为什么要进行攻击。他们已经出版了一份报刊。在社论文字中那一类词最多呢？我知道，其中颠覆、破坏、斩戮、屠杀等词相当不少。在名词方面，他们喜欢用肝脑、鲜血、头足等文字，使文章辞句华丽。于是我才觉察到法国的马拉[①]、圣茹斯特[②]等人，在法国大革命前三五年一定是怀旧人士吧！

“啊！怀旧喜新的两因素，在朝廷上对垒相峙，有时妨碍国家大计，又该怎么办呢？这种现象，在古今历史上都可以引证，实在是令人头痛，足以使人皱眉发愁。怀旧因素，大体是道貌岸然，性情豪爽，或者近似豪爽。然而，每一遇事即独断专行不顾后果，不管舆论。在平日无事时，以端坐缄默为乐事，对一切必须周密思考，需要顺利执行的事情，他却以琐碎为由，不屑采取措施，并说：‘我素来笨拙，不足以担当此事。某某人精明能干，做事认真，毫无疑问他是可以担当的。’对平时无关紧要的事情，他总是以愚拙显示

政治上的力士们的班底

① 马拉（1743—1793），法国革命家。——译者

② 圣茹斯特（1767—1794），法国革命家。——译者

自己的聪明精巧。或者虽知，也故作不知。或虽能做，也故作不能。把事情推给别人自己不肯参与。其意思是说，这都是小事，何足用心呢？一旦利害攸关，他便慷慨陈词，毫不考虑大家的各种议论，不论赞成也好，反对也好，其目的一定要按自己的主张办事，中途如听从他人的意见，他认为是极大的耻辱。

“喜新因素则不然，每遇一事，无论大小务必谨慎，处处重视，处心积虑，仔细研究来龙去脉。反复周密研究后，除非弄清绝无弊害，否则绝不执行。因此，其表情往往表现为爽快，其志趣往往是沉着实在，或近似沉着实在。

“怀旧因素以不屈服为目的，喜新因素以不失败为目的，试看古今，这两因素在朝廷上并存时，其采取的措施往往令人不能理解。这并不奇怪，这两者对垒相争中，如怀旧因素得胜时，官府的命令必定带有果断之意。如喜新因素获胜时，官府的命令必定表现出周密之态。于是，如把若干年来，或是若干月来官府执行命令的情况前后加以对照，就可看出其旨趣趋向极为不同。至于其所推荐与提拔的人物，大不相同，又如何看待呢？他们各自推荐自己所喜欢的人，选拔自己所喜爱的人。这是自然之情。于是，在官吏中有能力的，或者似乎有能力的，喜新因素高兴地加以吸收。在官吏中有节操的，或者似乎有节操的人，怀旧因素高兴地加以接纳。这当然是心理上的科学规律。于是，上至各部局的首长，下至刀笔小吏，不是被怀旧因素所吸收，就一定为喜新因素所接纳，攀附投靠，乔装打扮，各自兜售自己，以追求他日的地位，以至堂堂的官府也成为因素宗派的巢穴，历史上不乏此类例证。

世界上的书记官皆如此

“绅士君，绅士君！一国中不论朝野，两因素相互角斗，互争胜利，一旦矛盾激化，双方想一举决定胜败，这时国家多么危险啊！即便不是如此，两因素各自克制，相互努力谋求调和，但是，由于其本质互不相容，在工作中不免要发生阻碍，这又怎么办呢？两因素中必须除掉一个，否则国家的事业毫无办法。绅士君，绅士君！假如不能把这两因素中的一个除掉，你所崇拜的进化神，依我看来是不会灵验的。”

洋学绅士说：“一定要除掉两因素中的一个，是除掉怀旧因素呢？还是除掉喜新因素呢？”

豪杰君说：“当然是除掉怀旧因素啊！喜新因素好比新生的肉，怀旧因素好比癌肿。”

洋学绅士说：“刚才你讥笑我的言论，是学者的迂腐言论。如今你论及在改革形势下国家的两因素，你想保存那喜新因素，除掉那怀旧因素，以至把它比作癌肿。你的话好像前后矛盾。真理不可歪曲，理应如此吧！”

豪杰君笑着说：“是，你是纯粹的喜新因素，遵循民主制度，而且打算撤销军备。我当然是怀旧因素，打算依靠武力救国。你只知道如何使新生的肌肉健壮。我希望为国家除掉癌肿。癌肿不除，想使新生的肌肉健壮也是不可能的。”

政治的外科医生出现了

洋学绅士说：“除掉癌肿的办法是什么呢？”

豪杰君说：“只有割掉而已。”

洋学绅士说：“请不要开玩笑！癌肿是疾病，当然可以割掉。怀旧因素是从属于人体的，怎能割掉呢？请不要开玩笑。”

豪杰君说：“癌肿只能割掉，怀旧因素只能消灭。”

洋学绅士说：“怀旧因素如何消灭呢？”

豪杰君说："这就是将它驱赴战场。那个怀旧因素，无论是在朝廷任职的人，或是在市街居住的人，都厌恶太平，苦于无事可干，即所谓咄咄髀肉复生[①]，使人无可奈何。国家如果发布命令，挑起战端，二三十万兵众，马上可以集合起来。像我这样的人也是社会的一个癌肿，自动割去，但愿永远不要成为国家新生肌肉之害。消除癌肿的地方，不如选择非洲或亚洲的我已忘掉它的名字的大国。因此，我与二三十万癌肿人士一起开赴那个国家。事情如果成功，则夺取土地，雄踞一方，另外开创一种癌肿社会。如事情失败，则尸横原野，名留异邦。事情成功与否都可取得为国家割除癌肿的效果。这是一举两得的策略。

"因此，我心中一直酝酿着的第一策，就是把国内壮丁一举全部开赴那个大国，变小为大，变弱为强，变贫为富；然后，出巨额金钱购买文明的成果，力求一跃而与西方各国竞争称雄。其次，为了整顿国内政治，改革制度，移风易俗，将来成为文明国家，对妨害新计划完成的怀旧因素，暂时割掉，这是第二策。安于世故，墨守成规，害怕果敢地进行一切改革，自以随波逐流为得计的人，听此二策，都将吓得张口结舌！我当然知道这个情况。但是，古今豪杰之士，遇到非常事变，莫不制定非常之计，而取得巨大的效果。'果敢行事，鬼神避之'，正是说的这个意思。而且，当政的人因为时间、地点的不同，其手段也各不相同。如果今天在西方各国实行我的二策，这简直是狂人的行为。所以，在普鲁士以俾斯麦为宰相，

---

① 出自《三国志·蜀书·先主传》，刘备曰："吾常身不离鞍，髀肉皆消，今不复骑，髀里肉生……"后常用为自慨久处安逸，壮志渐消，不能有所作为之辞。——编者

以老毛奇[①]为将军的体制下，驱使百万军队，运载百万大炮，打败了数百年来卧薪尝胆，一日也不忘复仇的法国。但是，等到讲和时，得到的不过是洛林、阿尔萨斯两个州和八亿法郎。这是因为时间、地点等条件所造成的。把我的二项策略用于今日的亚洲和非洲，正是符合时代的要求。假如让西方各国的卓越人物今天处在亚洲，一定会断然采取我二策中的一个，或建立变弱为强的大业；或施行割掉癌肿的计策。我相信他们是不会迟疑的。”

洋学绅士说：“诚然，像拿破仑一世和铁木儿，可以说采取了你的两种策略。但是，严重妨碍社会进步的就是这种怪物。破坏自由平等的理想以及道德、经济规律的正确运行，开创强权社会的就是这种怪物。18世纪以后，在欧洲山林中如果没有产生这种怪物，毫无疑问民主主义思想已经大大地推广，学术机构已经大规模地创立起来。试将欧洲的豪杰之士和我东方豪杰之士作一比较吧！我所谓的怪物——豪杰，在我们东方也有类似的人，但是，真正的豪杰，在我们东方类似的人物甚少。这是我们东方赶不上欧洲的缘故。请看，亚历山大、恺撒、拿破仑等人若与刘邦、忽必烈、丰臣秀吉[②]等相比，虽然可以看出有几分类似之处，但是，类似于牛顿、拉瓦锡、亚当·斯密及奥古斯特·孔德等人的人物在东方又有谁呢？一时用粗暴的计谋解决目前问题的，都是有害于百年大计的人。”

豪杰君说：“天下的事情都有理论与技术的区别，在议论的场合发挥力量的是理论，在实际领域里取得效果的是技术。在医道方面

① 赫尔穆特·卡尔·贝恩哈特·冯·毛奇（Helmuth Karl Bernhard von Moltke，1800—1891），普鲁士和德意志名将，杰出战略家。——译者

② 丰臣秀吉（1536—1598），日本战国时代末期统一全国的武将。——译者

则有医理和医术；在政治上则有政治理论和政治策略。细胞的学说和病菌的理论是医学理论。患热病给奎宁，患梅毒用水银，这是医术。平等思想和经济学说是政治方面的理论。变弱为强，变乱为治，是政治策略。你请研究理论吧！我探讨其技术。

“而且，如今一旦放眼于欧洲各国的形势，在亚洲群岛中生存的国家，恰如狂风前放置的一盏灯火，狂风扑来立刻熄灭。忧国之士，现在应该及早采取措施，对外征伐之计实在是符合时机的。正如童谣所说：‘夜叉未来时，赶快洗衣裳’，这就是今天的现实。所谓夜叉是什么呢？就是德、法、俄、英。

“近来，关于德、法两国的形势，国内外各报都竞相报导。或说，两国正在大力备战；或说，有保持和平的征候；或说，俾斯麦如此云云；或说，布朗热[①]如何行动。而我特别分析了该两国相互仇视的原因，两国的决裂不会太远，不在今天就在明天，不在今年就在明年，我坚信不疑。

“这两国互相仇视，正如绅士君所说：这不单是拿破仑皇帝的法国与威廉皇帝的普鲁士之间的结怨，自古以来国与国之间的结怨，未见过像这两国如此之深的。其原因并非一朝一夕之事。拿破仑、威廉两皇帝，只不过是在两国决裂时代相遇而已，俾斯麦侥幸在其决裂时相逢，因而充分发挥了他的计谋。甘必大[②]则不幸未遇两国决裂之机，故未能显示其胆略。拿破仑晚年逐渐违背国民的愿望，虽然议会中反对党甚多，但在对普鲁士宣战时，议员尽皆表示

① 布朗热（1837—1891），法国将军，他加强军队，主张对德强硬态度，被称为“复仇”将军。他鼓吹的沙文主义，史称布朗热主义。——译者

② 甘必大（1838—1882），法国政治家。——译者

同意。梯也尔虽极老练，并力说战争之不利，但满场喧嚣沸腾表示反对，听说在其退席回家途中，无赖之徒竟等在路上，扔石块加以辱骂。由此可以证明法国人对普鲁士的怨恨。

“然而，我看这两个国家，最初未必抱有这样深怨。从18世纪起，号称有强大陆军的，必定是指该两国。每当其交战时，邻国旁观者必预先激烈地评论其胜败，结果促使两国人民各自争雄斗勇，互相都以过去的战败为奇耻大辱，复仇之心绵延相继，以至无穷。正如摔跤场上的两个大力士，他们起初的念头只不过是一时表演角斗技术。但是，满场观众大声喝彩，有的赞扬东边，有的称道西边，临近决定胜负之际，喝彩之声震天撼地，等到如此数次之后，两力士必定以优胜为己之本分。从而，互相产生嫉妒之念。两国间的情况，也是如此。所以说，两国的结怨绝非一朝一夕的缘故。正如绅士君所谈，不单是威廉皇帝的普鲁士与拿破仑的法国之间的结怨而已。

“至于俄国和英国，确如绅士君所言，英国素来专心致力于经济方面，地球上无处不有它的殖民地，其资财之富有，其他各国无不望尘莫及。然而，其目的全在于维护历来的版图，不使丧失，进而再开拓领地并不一定是其意图，唯有对猛鸷般的俄国，无可奈何。俄国坚守其先王的国策不变，借武力以求扩张版图，嫉妒英国的富强，一心想颠覆其在印度的根据地。这就是英国以前所以联合拿破仑，发生塞瓦斯托波尔战役[①]的由来。

“所以，法国和普鲁士，其意图全在于搞武力竞赛，夺取军事

① 指1853—1856年的克里米亚战争。——译者

名声，而不在于开拓领地。英国主要是维护领地，守住财富，不喜欢武力竞赛。只有俄国效仿古罗马，靠强大的兵力，逐步建立富国之业，欲借富国之财富进而耀武扬威，这实在是制造欧洲战祸的工厂。然而，其所以不敢直接出兵印度的原因是什么呢？想来俄国所畏惧的非英即法，非法即普。它害怕对方乘自己东出之虚，在其背后有所图谋。正因为如此，以前普法交战时，俄国人雀跃相庆，立即撕毁克里米亚盟约[①]，把舰队开赴黑海。

"所以我认为普、法军队，一旦在欧洲原野交战，俄国则会卷起尘沙扑向东方。果真如此，普法战争之祸，则不会局限于欧洲大陆，而亚洲海上诸岛也难免战火余焰之灾。英国舰队所掠占的，无疑也不只是巨文岛[②]吧！总之，普、法还在欧洲角斗，俄、英进入亚洲争雄。这就是今天世界的大势。

"啊！普、法的士兵使硝烟弥漫于欧洲郊野；英、俄的军队在亚洲大陆掀起战尘，使狂澜涌向亚洲海洋。此时，国际公法果真能对处于战略优势的暴行起到抑制的作用吗？如果国际公法真的不可依赖，小国又靠什么得以自卫呢？迅速离开行将沉没的小艇，搬往岿然不动的大舰，唯此一策而已。放弃危殆的小国，奔赴安稳的大国，只此一计而已。况且，清浅的小河，捕不到大鱼，和平之时，不可能出现卓越的计谋。欧、亚两洲上空一时出现滚滚乌云，这正是小国变祸为福、转弱为强的千载难逢的好机会。此时还不采取迅雷不及掩耳的手段，仍依靠乡下老太婆补缀破衣似的区区小计，徒劳地

① 为结束克里米亚战争而缔结的巴黎条约（1856 年），其内容是：保全土耳其领土；把黑海划为中立区，禁止军舰航行。——译者

② 朝鲜的一个岛。英国为了对抗俄国，1885 年占领此岛。——编者

谋求维持国家，对他们如此从容不迫，我实在感到惊讶！”

此时，南海先生又饮酒一杯，说：“绅士君的想法总起来说，是认为民主、平等制度是所有制度中最完善的制度，世界各国早晚一定都要采用这个制度。而弱小国家对于富国强兵之策，历来就是不可望也不可即的。因此，迅速采用这一完善制度，然后撤除水陆军备，放弃不足各强国万分之一的武力，用无形的道义，大力振兴学术，使本国成为如同精雕细凿的美术作品，为的是让各列强敬爱而不忍心侵犯。这就是绅士君的想法吧！

“豪杰君的想法，总起来说，是认为欧洲各国正在搞军备竞赛，一旦破裂，其祸害即将延及亚洲。所以，弱小国家此时要当机立断，动员全国壮丁，轻装荷枪，征伐另一大国，借以开拓新的地大物博的版图。即使还未能做出如此决断，若想整顿国内政治，也必须把妨碍改革事业的怀旧因素除掉，采取对外征伐的政策，是不可避免的。这是豪杰君的想法吧！

“绅士君的议论是淳厚而正确的，豪杰君的议论是豪放而奇特的；绅士君的议论是烈酒，使人目眩头晕；豪杰君的议论像剧毒药，使人胃裂肠断。我老矣！对二位的议论，我衰退的大脑不能很好地咀嚼消化，请二位各自努力，等待时机进行尝试吧！我将在旁观察。”

至此，二客人也各饮酒一杯，对南海先生说：“我们二人已无保留地倾诉了衷情，衷心希望先生给予批评指正。”

于是，南海先生说：“绅士君的议论是欧洲学者在其大脑中酝酿，在其著作和言论中加以发挥，但尚未实现的思想上的灿烂瑞云。豪杰君的议论是古代俊杰之士，千百年一直为之奋斗、博取功名的事业，但在今天，是无法实行的政治上的幻戏而已。瑞云是未来的祥瑞，只能以远眺为乐。幻戏已成为过去的奇观，只有以回顾为快。这些对现在是毫无裨益的。绅士君的论点若非全国人民同心协力去进行，则是不可能实现的。豪杰君的论点，若非天子宰相独断专行，也是不能实现的。恐怕都不免是空谈。

“而且，绅士君极力强调进化神的作用，但是该神所走的都是迂回曲折的羊肠小路，或上或下，或左或右，或乘船或搭车，或似进而实退，或如退而实进，正如同绅士君所说，人类进化过程决不是按几何学所规定的直线前进。总之，我们人类妄想站在进化神的前头指挥进化神，其祸则不可估量。只有随之亦步亦趋地前进才行。

“而且，所谓进化的规律，是根据天下事物经历的轨迹而命名的。因此，开天辟地时，世界人类就互相斗争，这是进化规律的一种表现；归于君主统治，也是进化规律的一种表现；走向立宪制，也是进化规律的一种表现；进入民主制，也是进化规律的一种表现。君主、总统、贵族、人民；白布帆船，蒸汽军舰，火枪、火炮；以及佛教、儒教、耶稣教等等，凡是人类所经历过的轨迹，都是学者所谓的进化神所走过的路。欧洲各国中有的已废除死刑，这自然是欧洲各国的进化。在非洲有的种族以人肉为食物，这自然是非洲种族的进化。所谓进化神是世界上最多情、多爱、多嗜好、多欲望的。

“绅士君！绅士君。你如果说进化神爱立宪制，或爱民主制，不爱专制制度，那么在土耳其、波斯不存在进化神吗?! 如果说进化神喜欢体现仁爱的生育，不喜欢暴力杀戮，那么项羽活埋四十万赵国降兵时，进化神不存在吗?!

“在封建时代，它喜欢封建制度；在郡县时代，它喜欢郡县制度；在闭关自守的社会，它喜欢闭关自守；在商业贸易的社会，它喜欢贸易；它爱吃大麦饭或爱吃烧牛肉，爱喝浊酒或爱喝葡萄酒，喜欢梳大髻或喜欢留披发，欣赏沈石田[①]的水墨画或喜爱伦布朗[②]的油画。啊！世界上爱好最多的就是进化神吧！

“然而进化神也有所憎恶，这是不可不知的，政治家尤其不可不知。作为政治家不知进化神所憎恶的，其祸就将数不胜数。像我们读书人有时不知进化神的憎恶而见诸言行，其祸也许只涉及一人之身。不知进化神的憎恶而著书，其书问世不过卖不出去而已。如果有所图谋的话，不过是自身被系狱若干年，或受绞刑而已。但是，作为政治家施政时不知进化神所憎恶的，几千万人类就要蒙受其祸。啊！这是多么可怕啊！

“进化神所憎恶的是什么呢？这就是不问时间、地点的脱离实际的言行……啊！我说错了，作为政治家即使不问时间、地点而施政，几千万人蒙受其祸，过后再看此事件，学者一定会说：这是自身有不得不如此的道理而如此做的。果真是有不得不如此的道理而如此做的话，这自然是进化神所喜爱的，绝非其所憎恶的。因此，如果让学者评论王安石变法，必定会说：那是原来就不得不如此而如此做的。由此可知，从古至今，凡能实行的事业，皆进化神所喜爱的。那么，进化神所憎恶的是什么呢？就是在一定的时间、地点下竭力去做绝对不可进行的事情。绅士君你所说的道理是在今天、在此地一定可以实行的呢？还是一定不能实行的呢？

① 沈石田（1427—1509），明代著名文人画家。——译者

② 伦布朗（1606—1669），荷兰的著名画家。——译者

“绅士君是非常崇敬进化神的，我要根据进化的道理，对你的言论略作批评，请勿责怪。

“绅士君主张平等制度，把设置五等公爵说成是进化神所憎恶的，甚至将之比为岩石，这是极为错误的。如果进化神憎恶设立五等公爵，为何在旧有的五等公爵之外，进而又抬出新的贵族呢？亚洲的进化神，本来就喜好五等公爵的设置，所以旧贵族都吃得很好，很健康，新贵族也都吃得很好，很健康。炎夏时节，有时疟疾大为流行，尽管街巷撒遍了石碳酸水，但是传染病仍然流行，多达十万人的尸体被运去火葬，而新旧贵族并未受其传染，都很健康。在册的贫苦平民一家老小被用车送到隔离病院，又被用车送到火葬场。然而，新旧贵族依然住在高楼之中，侍女爱妾从旁摇扇送凉，他们都很健康。据此，我认为亚洲的进化神似乎大都是喜欢贵族而讨厌平民，似乎和绅士君所说恰好相反……”

这时，南海先生突然郑重其事地说：“我所说的有些诙谐，二位请多多原谅！”

南海先生更饮酒一杯，说：“绅士君竭力主张民主制，恐怕对政治的本质至今似乎还未真正了解。政治的本质是什么呢？就是应该遵循国民的意向，符合国民的知识水平，使之安居乐业，获得福利。如果不根据国民的意向，采用不适合知识水平的制度，安居乐业和增加福利又从何而得呢？试在今天的土耳其、波斯等国建立民主制的话，人民便会惊骇喧嚣，结果引起祸乱，以至国内发生流血事件，这是很快会得到证实的。而且根据绅士君所谓进化规律来看，从专制进入立宪，从立宪进入民主，这正是政治社会发展的次序。如果从专制一蹴而进入民主，这决不是顺序前进。为什么呢？因为在人们的头脑深处，深刻地印有帝王的思想和公侯的意识，它好像隐隐约约地成了人们的守护神和护身符。此时，突然实行民主制度，群众的思想因此而引起混乱，这正是心理的规律。此时，两三个少数人，独自欣赏其制度是符合道义的，而对群众的惶恐喧嚣则无可奈何，这是显而易见的道理。

“而且，当今社会所谓的民权有两种：一种是英、法的民权，即恢复的民权。是自下而上争取得到的；社会上还有一种可称作恩赐的民权，它是由上而下施给的。恢复的民权因为是从下面争取得到的，所以其分量的多少，是由我们随意而定的。恩赐的民权是由上面施给的，所以其分量的多少，不是我们所能决定的。若得到恩赐的民权，又马上想要变为恢复的民权，岂不是违背事物发展的次序吗?!

这一段文章自认为尚满意

“啊！国王宰相仗恃其威力，敢于不把自由权还之于民，这是祸乱的根源。英、法的人民所以从事恢复民权的事业，原因也在于此。如果相反，作为君主宰相的人，洞察形势，遵循人民的意向，努力求得适合人民的知识水平，施予分量合适的自由权，此时，官民上下皆大欢喜，再没有比这更好的吧！与其冒着生死的危险，攫取千金之利，还不如坐享十两为宜。而且，即使恩赐民权的分量如何少，但其本质与恢复民权并无两样。因此，我们做人民的要善于维护它，珍视它。用道德精神、学术的养料将之培育，随着时代的进步与社会的开化，逐渐使之茁壮成长起来。那么，恩赐的民权也可以发展到和恢复民权并驾齐驱的程度。这正是进化的规律。

“绅士君，绅士君，思想是种子，大脑是田地。你真正喜欢民主思想的话，可以口述，可以笔书，把种子播撒到人们的脑髓中。这样，几百年后民主思想也可能在国内茂盛地生长起来。现在帝王贵族的花草正扎根于人们的脑髓中，只有一颗民主的种子在你脑髓中萌芽，如果想由此一下子收获民主的硕果，岂不荒谬吗?!

"因此说，人们的脑髓里储蓄的是过去的思想，社会事业是过去思想的体现。所以，要打算建立新的事业，不能不把那种思想作为过去的思想灌输到人们的脑髓中。这是因为事业常常是现在结出的果，而思想作为事业的因，则常常是取之于过去的缘故。绅士君，你翻开历史读读吧！世界各国的事迹，是各国的思想的成果。思想和事业的迭次积累，互相联系，勾画出迂回的曲线，这就是世界各国的历史。思想产生事业，事业又产生思想，这样辗转不已，就是进化神所走过的路程。因此，进化神不是君临于社会之上，也不是潜伏在社会的脚下，它是盘踞在人们脑髓中的。所以进化神是由人们思想的结合而形成的一个圆。绅士君，你如果信奉自己脑髓中的思想，并且也打算使众人承认它是进化神并加以信奉时，这正像你在纸上留下一点墨迹，想让众人承认是浑然一圆形一样。这是思想上的专制，这是进化神所不喜欢的，学者应引以为戒。

"时代是绢，是纸，思想是颜料，事业是绘画。所以，一代社会便是一幅画。绅士君，你如果想用尚未调好的颜料在现在的纸上，描绘未来的图画，那简直近似癫狂。你现在不停地调制思想这个颜料，百年之后，其颜料的汁液定会汹涌地充溢于社会这个碟中。于是，那时在现代的纸或绢上，描绘事业的画，那么过去思想的色彩一定鲜艳夺目，观赏者一定会称赞它是凌驾于鲁本斯[1]之上，超过

雨果全集和拜伦全集中都未曾见过

① 鲁本斯（1577—1640），佛兰德斯的画家。——译者

普桑[1]的美术杰作吧！

“你们两位各自固执自己的积极或消极的两极理论，一个是注目于尚未产生的新思想，妄图冒进；一个是回顾已往的旧戏，妄想倒退。两者的主张虽然冰炭不相容，但据我观察其病根实系一个。这个病根是什么呢？就是过虑。二位看到欧洲强国豢养百万强兵，制造千万艘战舰，互相吞噬攫夺，又看到他们不断来亚洲掠夺，因而产生过虑，以为他们有朝一日一定会装备千百艘坚舰来侵略，这就是消极、积极两论产生的原因。

“于是绅士君便想采用民主制，撤去表示敌意的军备，想先发制人地避开欧洲人的锋芒。而豪杰君则想大举兴兵对外征伐，割取他国领土，扩张版图，乘欧洲动乱而收巨利。二位对欧洲各国的形势，都有过虑之处。

“依我看，如今普、法两国大肆扩张军备，其形势甚似紧迫，其实不然。它们小规模地扩张军备时，或许关系还有可能破裂。而由于大规模地扩张军备，就不会导致破裂。为什么呢？二位见过冬天的孩子做的雪球吗？在开始不很大时，可以前后左右随意推转，渐渐成为庞然大雪球时，虽尽最大力量再也推不动。现在普、法两个孩子只求自己的雪球越来越大，胜过对方雪球，于是，不断地互相竞赛。普鲁士增兵一万，法国也增加一万，普鲁士增兵两万时，法国也增加两万，其雪球年复一年越来越大，而俄、英两国正在旁观，等待两球相撞。然而，这两个孩子各在其自己庭院仅存的残雪上，专心致力使雪球越来越大，不会遽然推出门外。在庭院雪尽时，二

① 普桑（1593—1665），法国画家。——译者

球或许俱碎，化为乌有吧！

“而且，世界和平的主张，虽然还不能实现，但在各国交往中，道德的原则在逐渐推广，实力政策的范围在逐渐缩小，这是自然的趋势。这就是绅士君所谓的进化神所走过的路程。因此，像俄国想在亚洲炫耀武力，割取战略要地，染指英属印度，但是还不容易下手。总之，虽然各国的外交政策，好似重视实力，不重视道德。但是，并不像人们所想象的那么严重。假如普、法、英、俄等国，其中只有一个最强，远远超出其他三国之上，凭借其实力可以恣意猖獗，置国际公法于不顾。但是，如今则不然。四个国家强弱之势，大体相当，因此，它们不得不遵守几分国际公法。这就是各小国赖以避免遭吞并之患的原因所在。

“而且，所谓国家是集中了多数人的意见，其中有君主、百官、议院、庶民。国家机构极为错综复杂，因此，要决定方向、掀起运动也不是一件轻而易举的事。即使作为国家的运动，可以像一个人那样轻而易举，强者总是恣意暴虐，弱者总是要蒙受其祸。幸运的是情况并非如此。若想出一万兵，派一百艘军舰，君主、宰相、百官都要研究审查，议院讨论，报刊议论，所以不像一个人撩起衣襟，手持棍棒，徒步跑去格斗那样容易。这正是戈登将军[①]所以在阿拉伯沙漠里丧命的原因。库尔贝舰队司令[②]终于在安南染瘴气身亡，也是这个原因吧！因此，欧洲各国的军队犹如虎狮，其议院、其报纸犹如铁网，而且，又有各国势力均衡的策略，国际公法的约束，

① 戈登（1833—1885），英国陆军将军。曾参与镇压太平天国起义。——译者

② 库尔贝（Amedee Courbet，1827—1885），法国驻印支舰队司令。——译者

暗中使各国手足受到束缚，所以狰狞的虎狮终年只能张嘴吐舌，不能随意咬人。所以我说绅士君的民主制度和豪杰君的扩张主义，都是由于对欧洲强国的形势过虑而产生的。”

这时，二客人异口同声地说：“有朝一日他敢于悍然来侵犯，先生将如何对待呢？”

南海先生说：“假如他不怕他国的谴责，不顾国际公法的约束，无视议院的议论，果真敢于狡猾地来侵犯的话，我们只有全国皆兵，竭力抵抗，或据守要地，或突然进击，进退出没，变化莫测。因为他是客，我是主，他不义，我是正义。因此，我国军队，不论将校兵卒，同仇敌忾，士气旺盛，有什么不能自卫的道理呢?!这时，服役军官自然会有奇计妙策吧?!

“而且，我们亚洲的士兵如果最终不能抵挡欧洲的士兵，此时，绅士君所说的民主国，豪杰君鼓吹的新大国，只能任其陷落而已。我也没有其他良策。不，不仅我一个人，就是英、法各国相互攻守，也并非别有良策。总之，我们亚洲各国的士兵，想用他们征伐时则不足，用以防守时则有余。所以，平时要加紧训练、演习，养精蓄锐，那么，为什么要担忧不能自守呢?!为什么需要按绅士君的计策束手待毙呢?!为什么需要按照豪杰君的策略招致邻国的怨恨呢?!

“豪杰君所谓的非洲或亚洲的一大国，指的是哪个国家，我根本不知道。但是，所谓大国如在亚洲，我们最好与之结为兄弟邻邦，缓急相救，各自可以自动援助。妄图大动干戈，轻率以邻为敌，使无辜民众死于枪弹之下，那是下策。

“如像中国，无论从其风俗习惯来说，抑或从其文物风格及其地势来说，作为亚洲小国的我国，应该与之友好，巩固国交，绝不可以怨相嫁。到了我国特产日益增加、货物丰富的时候，中国地大物博，人口众多，实在是我们的一大市场，是取之不尽的利益源泉。不考虑这一点，而按一时发扬国威的念头，以一言不合为借口挑起争端，我看是最坏的下策。

“评论者或许会说：中国怨恨我国本是由来已久。我国即使厚礼相待，敦促友好，与之结交，但是，因为另一小国的关系，对方常怀愤恨之念，所以一旦有机会相遇，对方或许会与欧洲强国共谋，结盟排斥我国，把我国作为强国之食饵，以谋取私利也未可知。按我的想法设想中国的内心，未必如此！大体上国与国所以结怨，不在于实际情况而在于传言。只要洞察实情，就不会产生任何怀疑。根据传言推测则可产生极大的畏惧。所以各国互相猜疑，那是各国的神经病。戴着蓝色眼镜看东西，所见无不是蓝色。我常常为外交家所戴的不是无色透明的眼镜，感到可怜！

“因此，两国发生战争，不是因为双方喜欢战争，而正是因为惧怕战争才引起的。我因为怕他，所以急于搞军备。他也怕我，也急于搞军备。彼此的神经病日甚一日，月甚一月。其间，又有报纸毫无区别地同时并举报导各国的实情和传言，甚至记者本身所写就是神经病文章，涂上一种异乎寻常的色彩，在世上传播。于是，互相畏惧的两国的神经，越发错乱。他们认为先发能制人，还不如我先发动。于是，两个国家怕战争的念头达到了极点，这时，战争自然地爆发了。这是古今各国交战的实际情况。如果其中一个国家没有神经病，大概不会发生战争。即使发生了战争，该国战略必然是以防御为主，赢得时间，又得到正义的名声，在文明的历史上，一定不会受到否定的评价。

“评论者又会说：中国地大物博，但是正在从没落走向革命之时，群众中必定有英雄起而代之掌握主权，否则，土崩瓦解之势终不可遏制。我认为：如此说法，不过是将推算中国古来帝王家史的朝代数，用于爱新觉罗氏的家史而已，还不能认为符合当今的形势。为什么呢？以帝王家史的朝代数而言，爱新觉罗氏的帝业好像已属老朽腐败，幸而，由于欧洲文明的精神从西方吹来，垂危的枯槁老树，顿时改变颜色，其枝叶葱葱然，再次把树荫展向四方。

“而且，如今在朝执政，支配辫子社会的中枢掌权者，他们全是贤俊之才，特别重视海陆军备，凭借其丰富的资源，一度购买欧洲文明之成果，舰船日益增加，堡垒月月筑起，军队的制度也为之一变，仿效欧洲列强的办法。这岂能轻易受人欺侮呢?! 总之，外交的良策是：无论世界何国都要与之和好，万不得已时，也要严守防御的战略，避免远征的劳苦和费用，尽量减轻人民的负担。我们如果不患外交神经病，中国岂会敌视我们？”

南海先生搪塞了

洋学绅士说：“先生的议论，比喻很丰富，形容也很形象，极为可喜。至于主旨所在尚茫然不清，不免有捕风捉影之感。先生的高见，望能摘要见示。”

豪杰君说：“先生的议论，全未采纳我们二人的意见。关于国家将来的大政方针，请先生不吝指教。”

于是，南海先生接着说：“也只有建立君主立宪制度，上则伸张皇上的尊严与荣光，下则增加万民的福利。设置上下两议院，上院议员由贵族充任之，使之世代相承；下院议员用选举方法产生。如此而已。其详细的条款可从欧美各国现行的宪法中根据需要采用。

这不是一时的议论所能说透彻的。至于外交的方针，努力以和好为主，只要不伤害国家威信，决不要耀武扬威，言论、出版等各种条款，逐渐放宽，教育、工商业，逐渐加以发展，等等。”

二客人听了此话后笑着说：“我们原来听说先生的主张很奇特，如果仅像刚才所说的，那就毫不奇特了。在今天连儿童仆人也都知道。”

南海先生郑重地说：“在平时闲谈的题目，或争奇，或竞怪，作一时的笑柄，固然无妨。至于议论国家百年大计，岂能以标新立异为快事呢？因为我愚顽而不了解时事，只是随便讲讲而已。我所说的很多可能不切合实际，恐怕不能满足二位的要求吧。”

于是，三个人又互相推杯换盏，洋酒既尽，又取来啤酒一两瓶，各自润喉解渴，进而亲热地谈了片刻。此时，忽闻邻鸡报晓，二客人惊讶地说：“告辞了。”

南海先生笑着说：“二位，还不知道吧！你们光临后，鸡已经报晓两次了。二位回到家里可能发觉已过了两三年。这就是我家的历法。”

二位客人也噱然大笑，遂辞去。过了十余天，《经纶问答》一书写成了。

二位客人始终未再来，有人说洋学绅士已去北美游历，豪杰君赴上海旅游。而南海先生依然在家饮酒而已。

附　　录

本书写作背景年表*

年　代	事　　项
1868 年 （明治元年）	加藤弘之（1836—1916）著《立宪政体论》出版。 颁布五条誓文。
1869 年 （明治二年）	福泽谕吉（1835—1901）《西洋事情》完稿。
1870 年 （明治三年）	加藤弘之著《真政大意》出版。
1871 年 （明治四年）	中村敬宇（1832—1891）译约翰·穆勒的《自由之理》（一名《论自由》）出版。 巴黎公社成立。 废藩置县。 兆民去法国留学。
1872 年 （明治五年）	福泽谕吉著《劝学篇》出版。

* 年表由译者编写添加。

续表

年代	事项
1873年 （明治六年）	森有礼（1847—1889）、福泽谕吉、加藤弘之等人组织“明六社”。 颁布征兵令。 围绕征韩问题展开论争。 小幡笃次郎译托克维尔《论美国的民主》（摘译）出版。
1874年 （明治七年）	小川为治著《开化问答》出版。 《明六杂志》创刊。 建议设立民选议院。 成立“立志社”。 兆民从法国回国，开设法兰西学舍。 西周（1829—1897）著《百一新论》出版。
1875年 （明治八年）	福泽谕吉著《文明论概略》出版。 颁布谗谤律（言论统制令）、新闻条例。 兆民担任东京外国语学校校长、元老院权少书记官。
1876年 （明治九年）	田中耕造译《欧洲各国宪法》出版。 神风连暴动、秋月暴动、萩暴动。
1877年 （明治十年）	儿岛彰二著《民权问答》出版。 田口卯吉（1855—1905）著《日本开化小史》第一卷出版。 西南战争爆发。
1878年 （明治十一年）	福泽谕吉著《通俗民权论》《通俗国权论》出版。 复兴“爱国社”。 兆民师事高谷龙州、冈松瓮谷等学习汉学。

续表

年　代	事　　项
1879年 （明治十二年）	植木枝盛（1857—1892）著《民权自由论》出版。 元田永孚（1818—1891）著《幼学纲要》出版。
1880年 （明治十三年）	外山正一著《民权辩惑》出版。 爱国社第三次大会上改名为“国会期成同盟”，开展开设国会的请愿运动。 公布集会条例。
1881年 （明治十四年）	马场辰猪（1850—1888）等“交询社”，组织出版《私拟宪法案》一书。 植木枝盛《日本国国宪案》出版。 创刊《东洋自由新闻》。 头山满（1855—1944）等人组织“玄洋社”。 明治十四年的政变。 “自由党”成立。 兆民担任《东洋自由新闻》主编。
1882年 （明治十五年）	中江兆民译卢梭《民约译解》（即《社会契约论》）出版。 加藤弘之著《人权新说》出版。 矢野文雄（1850—1931）著《驳人权新说论》出版。 小野梓（1852—1886）著《国宪泛论》出版。 颁布军人敕谕。 “立宪改进党”成立。 汉城事变（壬午兵变）。 板垣退助（1837—1919）出国旅行。 福岛事件。 兆民创刊《政理丛谈》，参加编辑《自由新闻》。

续表

年　代	事　　项
1883年（明治十六年）	中村尚树编《驳加藤弘之著人权新说论文集》出版。 马场辰猪著《天赋人权论》出版。 植木枝盛著《天赋人权辩》出版。 中江兆民译《维氏美学》上册出版（下册，1884年出版）。
1884年（明治十七年）	群马事件。 公布华族令。 加波山事件。 秩父事件。 “自由党”解党。 甲申事变。
1885年（明治十八年）	福泽谕吉著《脱亚论》出版。 大阪事件（大井宪太郎等的渡韩计划暴露）。 废除太政官制，建立内阁制。
1886年（明治十九年）	德富苏峰（1863—1957）著《将来之日本》出版。 中江兆民著《理学钩玄》和《革命前法兰西二世纪事》出版。 末广铁肠（1849—1896）著《雪中梅》出版。 兆民与星亨（1850—1901）一起主持全国有志大恳亲会。 马场辰猪（1850—1888）赴北美。
1887年（明治二十年）	德富苏峰创刊《国民之友》和《新日本之青年》杂志。 中江兆民著《三醉人经纶问答》和《平民的觉醒》出版。 志贺重昂著《南洋事情》出版。 三大建议运动。

续表

年　代	事　　项
	保安条例公布施行。反政府派570人被驱逐。 兆民参加三大建议运动。根据保安条例被逐出东京，前往大阪。
1888年 （明治二十一年）	三宅雪岭（1860—1945），志贺重昂等人创刊《日本人》杂志。 中江兆民著《国会论》出版。 大同团结运动达到高潮。 兆民创刊《东云新闻》担任主编。
1889年 （明治二十二年）	大井宪太郎（1843—1922）著《略论自由》出版。 陆羯南（1857—1907）创刊《日本》杂志。 公布大日本帝国宪法。
1890年 （明治二十三年）	矢野文雄《浮城物语》出版。 中江兆民著《选举人党醒》出版。 颁布教育敕语。 第一届帝国议会开会。 兆民当选为众议院议员，为民党的统一而努力。
1891年 （明治二十四年）	陆羯南著《近时政论考》出版。 所谓内村鉴三（1861—1930）“不敬”事件。 兆民辞退众议院议员，在北海道小樽的《北门新报》社工作。
1892年 （明治二十五年）	围绕实施明治旧民法问题法学家之间展开论争。 “东洋自由党”成立。 兆民开始从事实业活动。

续表

年代	事项
1893年（明治二十六年）	加藤弘之著《弱者的权利竞争》出版。 陆羯南著《原政及国际论》出版。 井上哲次郎（1855—1944）著《教育与宗教的冲突》出版。 北村透谷（1868—1894）著《兆民居士安在哉》(《评论》杂志)。
1894年（明治二十七年）	志贺重昂著《日本风景论》出版。 中日甲午战争爆发。
1895年（明治二十八年）	德富苏峰著《日本膨胀论》出版。 陆奥宗光（1844—1897）著《蹇蹇录》出版。 签订《马关条约》。俄、德、法三国干涉，退还辽东半岛。
1896年（明治二十九年）	“改进党”“革新党”“同志会”等合并成立“进步党”。 日本社会政策学会成立。
1897年（明治三十年）	“劳动组合期成会”成立。 “普通选举同盟会”成立。 兆民组成“国民党”，创刊《一百零一》。 实行金本位制。
1898年（明治三十一年）	“自由党”和“进步党”合并组成“宪政党”。 村井、安部、片山、幸德等组成“社会主义研究会”。
1899年（明治三十二年）	横山源之助（1871—1915）著《日本的下层社会》和《内地杂居后之日本》出版。 大井等人的“大日本工人协会”“租佃条例促进同盟会”成立。

续表

年　代	事　　项
1900 年 （明治三十三年）	中国爆发义和团运动。 幸德秋水（1871—1911）《祭自由党文》（《万朝报》）。 公布治安警察法。 “立宪政友会”成立。 兆民参加“国民同盟会”。
1901 年 （明治三十四年）	幸德秋水著《二十世纪之怪物帝国主义》出版。 中江兆民著《一年有半》《续一年有半》出版。 内田良平（1874—1937）组织“黑龙会”。 片山、幸德等组成“日本社会民主党”，当日被解散。 黑岩泪香（1862—1920）组成“理想团”。 岩崎徂堂著《中江兆民奇行谈》出版。 中江兆民逝世（12 月 13 日，享年 54 岁）。
1902 年 （明治三十五年）	幸德秋水著《兆民先生》出版。 宫崎滔天（1871—1922）著《三十三年落花梦》出版。
1903 年 （明治三十六年）	幸德秋水著《社会主义神髓》出版。 幸德秋水、堺利彦建立“平民社”，创刊《平民新闻》。 东京帝大七博士发表对俄强硬外交意见书。
1904 年 （明治三十七年）	《三醉人经纶问答》摘录刊登在《平民新闻》上。 幸德秋水、堺利彦译《共产党宣言》（《平民新闻》）被禁止发行。 日俄战争爆发。
1905 年 （明治三十八年）	幸德秋水出游美国。 签订《日俄和约》。在东京日比谷召开反对媾和国民大会。 烧毁东京全城警察机构事件。

续表

年　代	事　　项
1906 年（明治三十九年）	北一辉（1883—1937）著《国体论及纯正社会主义》出版。 山路爱山（1864—1917）著《现代日本教会史论》出版。 “日本平民党”和“日本社会党”合并，成立“日本社会党”。

译后记

《三醉人经纶问答》是日本明治时期古典名著之一。著者中江兆民的汉文造诣颇深，原著中引经据典，文词深奥难懂。日本京都大学名誉教授桑原武夫先生和京都大学名誉教授、日本著名的中国哲学研究家岛田虔次先生，根据现代日本青年读者的阅读水平，将汉文调的原著译为现代日语，并加以详细注解，1965年在岩波书店出版发行以来，颇受日本读者欢迎，再版竟达23次之多。

1980—1982年，译者在日本京都大学人文科学研究所任客座研究员时，在指导教授、该所原所长、现任国立京都博物馆馆长、著名哲学家上山春平教授的指导下，对《三醉人经纶问答》一书进行研究，并写了一篇题为“中江兆民及其代表作《三醉人经纶问答》”的论文。部分刊载于1981年9月号《哲学研究》杂志。其后，得到中国社会科学院哲学研究所研究员、中华全国日本哲学研究会会长刘及辰老师的推荐，并得到商务印书馆编辑部陈应年同志的大力支持和反复认真细致的修正，1985年夏，完成了《三醉人经纶问答》这一名著的中译初稿。

译者在汉译过程中，除了忠实于作者的原著外，并认真参照了桑原武夫、岛田虔次先生的岩波文库版译、校注本（1984年5月第22次再版本），而且多次得到岛田虔次先生的亲切指导，对译者准确掌握原著的思想内容给予了很大的帮助和启示。另外，岩波书店《中江兆民全集》编辑组佐冈末雄先生也给译者提供了许多有关宝贵资料。

1987年，译者再访京都讲学期间，曾往访桑原武夫先生家，除汇报《三醉人经纶问答》汉译本将在中国出版的情况外，恳请先生为本书作序。蒙桑原先生慨然应允。1988年2月，桑原先生的序文完稿。1988年3月13日，译者在归国前夕，将序文汉译后复去桑原先生家，请先生审阅。桑原先生虽罹病在身，但神情奕奕，热情而详尽地予以指导。并将“译序”的最后部分修改稿交给了译者。

这期间，正值商务印书馆陈应年同志也往访日本东京岩波书店编辑部。3月初，陈应年同志与岩波书店专务董事中岛义胜先生特意赶赴京都，拜访了桑原武夫先生和岛田虔次先生。他们对《三醉人经纶问答》汉译本在中国的出版给予了极大的热情与支持。

在此，特向诸位先生致以衷心的感谢！

1988年4月10日，在北京突然接到桑原先生逝世的噩耗，实在令人心情沉痛难言！随后，从日本报刊上得悉：桑原先生是3月16日因病情恶化而住院。桑原先生为本书所撰的序文，成了最后的珍贵遗稿！桑原武夫先生对中国人民的真挚友谊和生命不息、写作不止的伟大精神，我们将永记不忘！！

中江兆民的代表作——《三醉人经纶问答》是日本思想史上的名著，也是明治文学中的杰作。因译者水平所限，中译稿不免有谬误不确之处，希读者指正。

译者

1989年2月于北京

图书在版编目(CIP)数据

三醉人经纶问答/(日)中江兆民著;滕颖译.—北京:商务印书馆,2024
(汉译世界学术名著丛书:120年纪念版:珍藏本:增订本)
ISBN 978-7-100-23708-6

Ⅰ.①三… Ⅱ.①中…②滕… Ⅲ.①派别—研究—日本—近代②政治思想—日本—近代 Ⅳ.①D093.134

中国国家版本馆 CIP 数据核字(2024)第 076755 号

汉译世界学术名著丛书
(120年纪念版·珍藏本·增订本)
三醉人经纶问答
〔日〕中江兆民 著
滕颖 译

商 务 印 书 馆 出 版
(北京王府井大街36号 邮政编码100710)
商 务 印 书 馆 发 行
北京市十月印刷有限公司印刷
ISBN 978-7-100-23708-6

2024年5月第1版 开本 710×1000 1/16
2024年5月北京第1次印刷 印张 5½
定价:32.00元